WINSTON CHURCHILL

丘吉尔画传

时影/编著

作家出版社

Winston

Churchill

图书在版编目（CIP）数据

丘吉尔画传 / 时影编著． — 北京：作家出版社，2015.9
（名人画传丛书）
ISBN 978-7-5063-8369-1

Ⅰ．①丘… Ⅱ．①时… Ⅲ．①丘吉尔，W. L. S.（1874 ~ 1965）—传记—画册 Ⅳ．① K835.617=5

中国版本图书馆 CIP 数据核字（2015）第 240965 号

丘吉尔画传

作　　者：时　影
责任编辑：张　平
装帧设计：陈　燕
出版发行：作家出版社
社　　址：北京农展馆南里 10 号　　**邮　　编**：100125
电话传真：86-10-65930756（出版发行部）
86-10-65004079（总编室）
86-10-65015116（邮购部）
E-mail:zuojia@zuojia.net.cn
http://www.haozuojia.com（作家在线）
印　　刷：北京市玖仁伟业印刷有限公司
成品尺寸：170×240
字　　数：39 千
印　　张：15.5
版　　次：2016 年 1 月第 1 版
印　　次：2016 年 1 月第 1 次印刷
ISBN 978-7-5063-8369-1
定　　价：35.00 元

目 录

第一章 出身贵族的坏孩子 / 2
第二章 军旅生活 / 14
第三章 投身政治 / 32
第四章 年轻的大臣 / 48
第五章 统领海军 / 68
第六章 一战时期 / 76
第七章 幸福美满的婚姻 / 96
第八章 仕途坎坷 / 108
第九章 风云紧急 / 122
第十章 临危受命，勇击“海狮” / 140
第十一章 打击意大利 / 168
第十二章 同盟国的胜利 / 190
第十三章 英雄薄暮 / 220
丘吉尔《第二次世界大战回忆录》节选 / 237
丘吉尔关于希特勒入侵苏联的演说 / 240
丘吉尔生平大事年表 / 243

Winston Churchill

第一章
出身贵族的坏孩子

1874 年 11 月 30 日，丘吉尔出生于英国一个贵族家庭。他的祖父马尔巴罗公爵是英国历史上著名的军事统帅。他的父亲伦道夫勋爵，曾任索尔兹伯里内阁的财政大臣。

丘吉尔三岁时，祖父马尔巴罗公爵被任命为爱尔兰总督。幼小的丘吉尔在爱尔兰都柏林的里特鲁弗基公馆生活了三年。在都柏林，丘吉尔不喜欢自己的家庭教师，也不喜欢上课学习，尤其是数学。丘吉尔在他的《我的半生》一书中，描写了他青少年时代的经历。他说："我最先的记忆是爱尔兰……"

1880 年，祖父不再担任爱尔兰总督，丘吉尔返回了英格兰。七岁时，父母为丘吉尔选择了詹姆斯教会学校。这所学校专收富家子弟，实行寄宿制，对学生的处罚十分严厉。校长经常把全校师生召集到图书馆，排好队伍，然后把任性的孩子拖到隔壁房间，用鞭子抽打他们。

有一次，丘吉尔因为没有写法语而遭到惩罚，校长挥动鞭子抽打着丘吉尔的手臂和肩膀，丘吉尔咬着牙始终没有哭。挨打时，他把校长的草帽抢下来，踏了个稀烂，其他学生则在一旁都被吓破了胆。自此，丘吉尔成了学校的英雄。但是，他还是不喜欢学法语，所以成绩一直落在最后。

在詹姆斯教会学校生活后不久，丘吉尔因病休学回到家中。康复后，他转入布赖顿小学。这里的女校长非常温和，这里不用学法语，还可以骑马和游泳。小学毕业后，丘吉尔参加了哈罗中学的入学考试。试题之一是把拉丁语翻译成英语，丘吉尔对此一窍不通，但校长还是准许丘吉尔入学了。因为丘吉尔的历史、英语、作文等其他课目的成绩相当优异，而且他是马尔巴罗公爵家族的后代，是现任财政大臣的儿子。丘吉尔被编入哈罗中学最下等班级。

他仍然不愿学拉丁文和希腊语，但他的英语、历史、诗歌的成绩很优异。在文艺会上，丘吉尔一字一句地背诵了一千二百行的长诗《古代罗马之歌》，受到了校长的表扬。丘吉尔喜欢游泳和击剑，他的击剑曾在公立学校运动会上获得优胜。假期回家后，丘吉尔常与弟弟约翰一起用锡兵玩具玩战争游戏。

后来，丘吉尔的父亲伦道夫被解除财政大臣职务，不再参加重大活动，伦道夫把希望寄托在儿子身上。他希望儿子从哈罗中学毕业后考入牛津大学，以后成为一名卓有见识的政治家，并继承自己未完成的事业。但丘吉尔的学习成绩实在糟糕，因此，伦道夫不得已劝他去当军人。可是，丘吉尔两次参加桑赫斯特陆军军官学校的考试都名落孙山。

⊙ 1893年，丘吉尔的父亲伦道夫·丘吉尔勋爵。

⊙丘吉尔的父亲伦道夫·丘吉尔，出身于英国贵族马尔巴罗家族，这一家族按爵位次序列英国二十个公爵家族的第十位。1884 年，伦道夫·丘吉尔出任财政大臣和下院领袖，很多人认为他将成为保守党首相。

⊙丘吉尔的母亲伦道夫・丘吉尔夫人。娘家的名字是詹妮・杰罗姆，她是美国百万富翁伦纳德・杰罗姆的第二个女儿。1873 年夏天，詹妮・杰罗姆在英国的考斯特城游览时，遇见了伦道夫・丘吉尔。伦道夫・丘吉尔对她一见倾心，几个月后他们便结为伉俪。

⊙伦道夫·丘吉尔夫人。丘吉尔在他早年的回忆录中写道："我的母亲在我眼中永远像一位公主，她是一位容光焕发、具有无限才能的女性。

⊙ 1874年11月30日，温斯顿·丘吉尔出生于英国的贵族家庭。这是两岁时的丘吉尔和他的母亲詹妮·杰罗姆。

⊙埃弗雷斯特夫人。她从 1875 年起成为丘吉尔的保姆。按照英国贵族和上流社会的传统，父母在孩子幼儿时期是不承担教养职责的，一般都是由保姆照管孩子。丘吉尔小的时候与父母的接触很少，但对保姆埃弗雷斯特夫人却很依恋。

⊙丘吉尔五岁时在都柏林的照片。

⊙1881年，身穿水手服的丘吉尔，他童年时代对军队和舰队十分着迷。这一年，他被送到阿斯科特贵族子弟学校读书。因校规较严，后转到布赖顿小学就读。

⊙学童时代的丘吉尔，1889 年。

⊙ 1889 年，伦道夫・丘吉尔夫人和她的两个儿子：杰克和温斯顿。

⊙哈罗中学一景。1887 年夏，丘吉尔到哈罗中学学习。入学考试必须用拉丁文写一篇作文，但丘吉尔在两个小时中，只在考卷上写了一个字。尽管考试成绩差，他还是被录取了。

第二章　军旅生活

丘吉尔参加了桑赫斯特陆军军官学校的第三次考试，这次终于及格了。这时的丘吉尔已经十九岁了，他被分到骑兵班。骑兵班费用高，考试成绩好的都被分到步兵班，成绩差的才进骑兵班。“桑赫斯特是我人生的新起点。”丘吉尔后来这样说道。

父亲让书店给丘吉尔寄去不少参考书，这使丘吉尔的学识日趋丰富。丘吉尔对战术和筑城兴趣最浓。另外，他非常喜欢骑马，丘吉尔后来在书里这样写道：“不要给孩子钱花，与其给钱不如买匹马送给他们。”

桑赫斯特军校的生活结束时，丘吉尔在一百五十八名学员中名列第八名，一跃成为优等生。因为毕业成绩优异，丘吉尔还获得了陆军骑兵少尉的军衔。

1895 年 1 月 24 日，丘吉尔的父亲，年仅四十六岁的伦道夫因病去世。面对父亲的早逝，丘吉尔十分难过：“我曾梦想和父亲一起以下院议员的身份参与一些活动，可梦想破灭了。今后我要继承父业，决不玷污家门。”父亲去世后，丘吉尔的堂兄继任了马尔巴罗公爵。

当时被西班牙占领的古巴人组成了军队，正同西班牙人进行激烈的游击战争。刚刚晋升少尉的丘吉尔，渴望早日体验真正的战争。于是，他与同样喜欢冒险的巴恩斯中尉一起来到古巴，以记者身份随西班牙军队报道古巴独立战争。抵达古巴时，西班牙军司令部十分热情地接待了他们。丘吉尔和巴恩斯中尉第二天就出发去了前线，他们找到了西班牙作战部队，部队分步兵、骑兵和炮兵，共计四千人。古巴游击队出奇不意地到处袭击他们。丘吉尔和巴恩斯有时泡在河水里，有时在吊床上过夜。丘吉尔怜悯行军不止的西班牙士兵，也很同情古巴游击队，他理解自己的祖国被外国人奴役的痛苦。

丘吉尔在古巴从军时学会了吸烟，从此他一生口不离烟，而且嗜好古巴雪茄。1896 年秋季，丘吉尔少尉所在的轻骑兵第四连队接受命令，去英国殖民地印度的班加罗尔驻守。在印度，生活十分惬意，丘吉尔喜欢玩马球，在部队里称得上名手。此外，丘吉尔让母亲每个月都寄些书来，如吉朋的《罗马帝国衰亡史》、柏拉图的《理想国》、亚里士多德的《政治论》、马尔萨斯的《人口论》、达尔文的《进化论》及其他哲学书籍和文学丛书等。

1896–1898 年，丘吉尔随英军参加镇压印度西北部的居民起义和苏丹马赫迪起义。他同印度的报纸《拓荒者》签订了担任战地特派员的契约，还同英国《每日电讯报》签订了合同，他把战场通讯寄给母亲，再由母亲转交报社，稿酬商定为每稿五英镑。丘吉尔把这个时期的亲身经历写了一篇报道发表在《每日电讯报》上，题目是："青年军官"。这篇文章受到人们的欢迎，甚至连王子也写信来赞扬他。丘吉尔开始对自己的写作能力树立信心。任务完成后，丘吉尔再次回印度服役。

不久，在英属非洲发生了布尔人起义，丘吉尔被编进第二十一骑兵连参加远征军作战。丘吉尔在他的著作《我的半生》中，这样描绘当时的一个战斗情景："一个匍匐在我附近的敌人挥舞着战刀站了起来。我向右边躲闪，在离他三米的地方向他连开两枪。正当我要把身子贴到马鞍上的时候，又有一个敌人挥舞战刀冲杀过来。'哇'的一声，枪响刀落，敌人跌倒在我的马蹄前。在左侧约十米的地方，立着一名身穿鲜艳服装、头戴钢盔、身披铠甲的骑士。我向他开了一枪，他马上逃跑了。我手握缰绳，骑在马背上向四外窥视着。"

在丘吉尔笔下，他是一位远离战友、孤军奋战、勇敢沉稳的骑士。从非洲回到班加罗尔，丘吉尔最后一次参加全印度连队的马球比赛。当时他不慎右肩脱臼，伤势未愈，但为了鼓舞士气，他把右手绑在身体上，左手持棒出场。丘吉尔所在的马球队最终取得了胜利。

但对于丘吉尔来说，难忘的班加罗尔的生活也结束了，丘吉尔离开军队返回了伦敦。

⊙ 1893 年 8 月，丘吉尔经过第三次考试，终于进入英国有名的桑赫斯特军事学校学习。由于考试成绩不好，没有像他父亲希望的那样进入步兵科，而是进了骑兵科。这是在桑赫斯特军事学校时的丘吉尔（左）和其他两位学员在一起。

⊙ 1894 年 6 月 27 日，丘吉尔的父亲不顾医生的劝告，携妻子离开英格兰，开始全球旅行。他们去了美国、加拿大、日本等地，这是在日本拍摄的。回到英国一个月后，即 1895 年 1 月 24 日，丘吉尔的父亲去世了，享年四十六岁。

⊙丘吉尔和母亲。摄于他父亲去世后不久，当时他只有二十岁。

⊙ 1895 年，丘吉尔毕业于桑赫斯特军事学校。他在桑赫斯特的最后一次考试中成绩颇佳，在一百五十八名毕业生中名列第八。

⊙1895年3月，丘吉尔从桑赫斯特骑兵科毕业，来到皇家骠骑兵第四团服役。这是身着骠骑兵第四团军服的丘吉尔少尉。

⊙1895年11月初，丘吉尔乘船赴纽约，然后转往古巴，以英军随军记者的身份，参加西班牙殖民军镇压古巴起义者的军事行动。

⊙1896年，在印度的班加罗尔服役时的丘吉尔。此时，他身穿热带军服。

⊙这是一幅描绘英军与印度起义部落之间战斗的版画。

⊙丘吉尔在印度服役期间，当时的英国官员和夫人们聚会的情景。图中大多数印度人都是仆人。从这些英国人的服饰可以看出，这些殖民主义者固守着英国的生活方式。

⊙ 1897 年 9 月 16 日，丘吉尔参加对印度马拉坎德地区少数民族的征讨行动。在此次行动中英军损失惨重，丘吉尔险些丧生。

⊙ 1898 年初，丘吉尔请求母亲利用她的影响，帮助他参加由英国将军基奇纳勋爵率领的征服苏丹的战争。这张照片 8 月 2 日摄于开罗。

⊙ 1899 年，丘吉尔在开罗。

⊙这幅1899年的画作，描绘了当时布尔人正在进攻一列英军的装甲火车。

⊙在英国与布尔人的战争中，英国布勒率军解除了莱迪史密斯之围。他的军队在该城以西二十四英里的斯皮翁高地给予布尔军以重创，布尔人的尸体填满了沟壑。

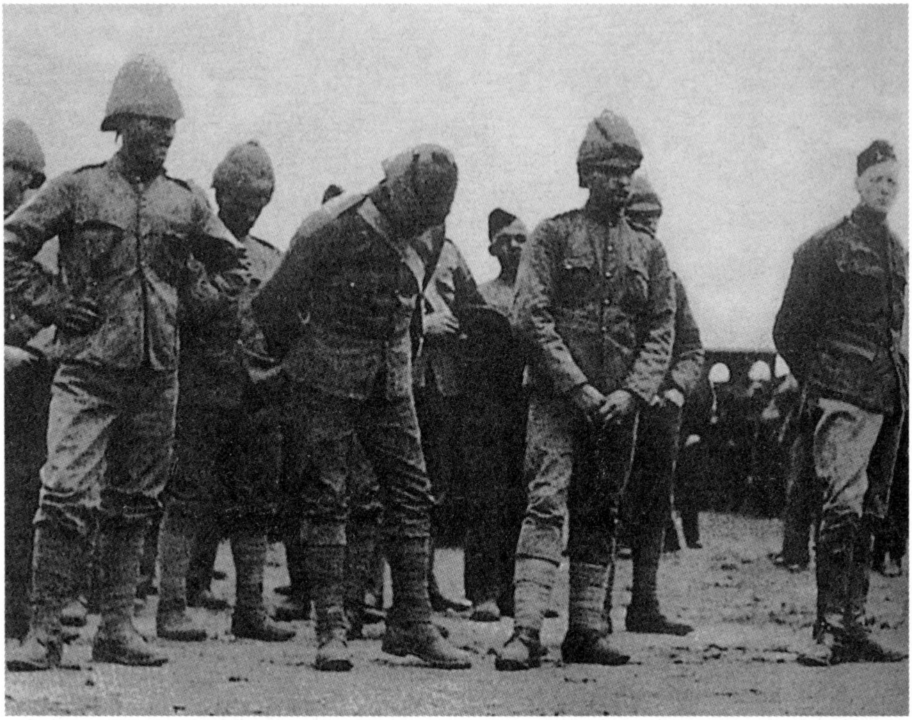

⊙ 1899 年 10 月 11 日，英布战争爆发，丘吉尔作为《晨间邮报》的随军记者乘船奔赴南非，从事战争的报道工作。11 月 15 日，丘吉尔（右）和其他英国士兵成了布尔人的俘虏。

⊙丘吉尔独自冒险越狱成功。他从比勒陀利亚逃到德班后，受到英国殖民地官员和军方的欢迎。

⊙ 1899 年，丘吉尔在德班。

第三章　投身政治

1889 年 2 月，丘吉尔尚未去南非之前，他曾收到兰开夏郡奥德姆城保守党下院议员罗伯特·阿斯克罗夫特的邀请信，建议他去该地参加议员补缺选举，丘吉尔欣然前往，但却落选了。这次竞选活动给他留下了极为深刻的印象，丘吉尔后来回忆道："我将决不会忘记，一个又一个大厅挤满了情绪激昂的人群，一个接着一个的演说，一次接着一次的集会，一个晚上要举行三次甚至四次集会。我赶赴会场所乘马车的嘎嘎声响和迎面袭来的冷空气，与热气腾腾、灯火通明、热情奔放的会场气氛，不时地交替出现 。"

1900 年，索尔兹伯里首相解散议会，宣布举行下院选举。因为在南非战争中被布尔人俘虏后成功逃脱，丘吉尔成为英雄，得到了各方面的有力支持，成功当选为奥德姆选区的保守党议员。

从 1901 年 2 月起，丘吉尔开始在下院履行自己的议员职责。他坐在下院后排议席过道的上方拐角处，这是他父亲曾经坐过的位置。在进入议会四天后，丘吉尔精心准备了他的首次演说。演说获得了成功，下院的保守党人和自由党人都热情地鼓掌。但丘吉尔在演说中发表的看法，与保守党主张把英布战争进行到底、严厉对待布尔人的反抗这一路线是相悖的。丘吉尔主张比较温和地对待战败者，并对布尔人表示了一定的同情。

他说："无论哪一个民族，都没有像布尔人那样在言论上得到如此多的同情，而在事实上又得到如此少的实际支援。"他呼吁对投降条件规定得宽大一些。据说，曾为丘吉尔当选保守党议员出过力的约瑟夫·张伯伦听完了丘吉尔的演讲后，对邻座的议员耳语道："议会的席位就这样白白扔掉了。"

丘吉尔在政见上与保守党越来越背道而驰，他的政治态度越来越靠近自由党人。丘吉尔早在驻扎印度期间写给母亲的信中就说过："除了名义以外，我是一个彻头彻尾的自由党人。……要不是为了爱尔兰地方自治的话——对此我是绝不会同意的——我会以一名自由党人的身份进入议会。”1903 年 5 月 15 日，保守党人张伯伦发表了实行关税壁垒政策的演说，在英国政治生活中引起了巨大的反响。在张伯伦演说之后，丘吉尔很快就做出了强烈的反应，他给首相阿瑟·巴尔弗写信说，如果首相不明确表示对张伯伦的谴责之意，那“我必须重新考虑我在政治上所持的立场”。不久，丘吉尔又给自由党领袖班纳曼爵士写信，建议自由党人与保守党内主张自由贸易的议员在下院保持策略上的协调一致。但是，自由党人没有重视。

1903 年夏，保守党内阁由于在关税问题上出现尖锐对立，逐步导致自己的垮台，张伯伦和一些主张自由贸易的大臣提出辞职。于是，巴尔弗重新组阁。丘吉尔决定脱离保守党，他未来的政治前途不能寄托于陷入分裂的保守党。1903 年 12 月，他在演讲中激烈抨击保守党的政策，甚至有意向自由党讨好。在结束演讲时，丘吉尔说：“感谢上帝，我们还有个自由党！”

1904 年 3 月，他开始自称为“独立的保守党人”。1905 年 1 月，他被保守党取消了党员资格。五月末，他从保守党一边转到了自由党一边，他再次选择了他父亲生前坐过的位子。丘吉尔继续在议会内外不遗余力地攻击保守党，他认为，保守党的关税壁垒政策“对千百万人来说是昂贵的粮食，而对百万富翁来说是廉价的劳力”。他形象地将保守党与自由党的政策做了对比。他在讲台下先拿出一小块面包，向听众晃动着说：“实施保守党人的政策时，你们将得到这样一块面包。”然后，丘吉尔又拿出另一块大得多的面包说：“如果保持自由贸易，你们将得到这样一块面包啊！”

在从事政治活动的同时，丘吉尔花费了许多时间和精力收集资料，进行整理，在大量素材的基础上撰写出父亲伦道夫·丘吉尔的传记。这部两卷本的《伦道夫·丘吉尔勋爵传》于 1906 年 1 月 2 日公开发行。

该书的出版受到广泛关注，也得到了评论界几乎一致的好评。历史学家 A·F·彼拉德认为：“它所具有的扎实优点使人们抱有希望，丘吉尔先生比他杰出的、但却是神经质的父亲富有更大的坚韧力。”

⊙从南非历险归来的丘吉尔。他的历险奇遇使他成了一名英雄。他的战争奇遇，为他的政治生涯提供了一种特殊的光环和资本。

⊙ 1900 年 1 月 28 日，丘吉尔的母亲乘坐“缅英”号医疗船到达德班，和上流社会的其他妇女一起照料在布尔战争中受伤的英军伤员。她身旁是丘吉尔的弟弟杰克，他在南非战争中腿部受伤。

⊙ 1900 年 1 月 24 日，在南非纳塔尔的斯比恩考伯的战斗后，躺在英国战壕里死去的士兵。大约有一千二百名英国士兵在这次战斗中失去了生命，这也是英国军队自克里米亚战争以来经受的最大失败。这些布尔人拍摄的死亡士兵的照片在全世界都被报道，并且在英国引起了轰动。由于这次大动荡，英国不久就向南非增派了大量军队。

⊙ 1900 年 2 月 28 日，在南非战争中，莱蒂斯密茨城的英军在被布尔人包围了一百一十八天之后，终于解围。图为莱蒂斯密茨城附近草原上的一个布尔人侦察岗哨。

⊙ 1900年南非战争中，在图格拉(Tugela)附近的一场战斗中，布尔族的炮兵正在作战。

⊙ 1900年在布尔战争中，勇敢的爱尔兰军队为英国战斗的报道使得维多利亚女王访问爱尔兰，并向爱尔兰人民致谢。对于许多人来说，女王就是英国扩张主义和帝国主义的最高象征。在布尔人最终投降前，维多利亚女王就去世了。但是在南非，她帮助大英帝国建立的殖民地即将瓦解。

⊙ 1900 年，同强大的大英帝国军队作战的布尔突击队。

⊙ 1900 年，英国军队正在前往战场的路上，荷利斯尼克尔斯拍摄的照片：《展示最新消息的军队——布尔战争》。

⊙ 1900 年，报道“麦夫金城解围”消息的《利物浦快报》。

⊙1900年，报童正在叫卖载有『麦夫金城英军解围』消息的报纸。

⊙ 1900年5月16日，南非战场上的麦夫金城之围终于被解；20日，消息传到英国国内，举国欢腾。这是印着麦夫金城总司令拜登-鲍威尔上校头像的海报。

⊙ 1900年9月30日，南非战争的英方司令长官罗伯特勋爵(Lozd Robests)，向伦敦方面宣布了这场为期不到一年的战争的结束。图为罗伯特勋爵。

⊙ 1900年10月29日，参加南非战争的第一批志愿部队“凯旋”归国。图为他们通过伦敦保罗大道时的情景。

⊙ 1901 年的丘吉尔。

⊙ 1901 年，英国第一艘潜艇——荷兰 1 号。该艇配置了石油发动机和九名水手。

⊙ 1902年，布尔族的游击队员们仍在南非对英军坚持斗争。图为祖孙三代的游击队员，其中包括十五岁的孙子和六十五岁的祖父。他们的斗志并没有因军事上的暂时失利而有所降低。

⊙年轻的保守党议员丘吉尔。

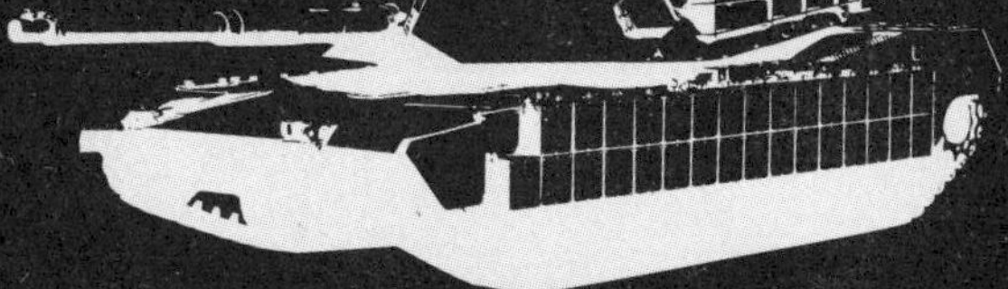

⊙ 1904 年 4 月，丘吉尔正式与保守党断绝了关系，参加了自由党。

⊙ 1904 年 12 月 15 日，张伯伦宣布废除免税进口制度，准备实施大英帝国内部的关税互惠制度，并宣布限制欧洲大陆人口进入英伦三岛。这就是被称作“激进的乔”的张伯伦。

第四章　年轻的大臣

1905年11月5日，保守党首相巴尔弗下台，自由党领袖坎贝尔·班纳曼组织了新政府并立即解散议会，宣布于1906年1月进行大选。坎贝尔·班纳曼在组织内阁时，请丘吉尔出任财政次官。这是一个显要的职位，但丘吉尔谢绝了这一任命，而要求改任殖民地事务次官这一地位较低的职务。

这是一个扬长避短的选择。丘吉尔不熟悉财政事务，对殖民地的情况则知之甚详。殖民地事务大臣额尔金对殖民地问题了解甚少，而且他是上院议员。因此，丘吉尔可以全权代表殖民地事务部在下院发言，为他施展自己的才干提供了比较广阔的舞台。1906年4月，在下院关于南非自治问题的辩论中，丘吉尔主张，与战败的对手和解，是保证英国对南非统治稳定的头等大事。他的格言是：在战争时，坚决；在失败时，反抗；在胜利时，慷慨；在和平时，仁慈。他批评那些持强硬立场的人，“只善于用右手或左手工作，而不善于两手交替——既善于用右手，也善于用左手。”1906年7月31日，自由党政府决定让南非布尔人的共和国在英帝国范围内实行自治，这个法案是丘吉尔提出的。

1908年2月12日，坎贝尔·班纳曼首相突然中风，他的继承人阿斯奎斯开始筹划组织新内阁。丘吉尔被任命为商务大臣，阿斯奎斯首相特意把商务大臣提升为内阁大臣这个等级。这样，丘吉尔就在1908年4月进入内阁，时年三十三岁，成为英国政府最年轻的内阁成员。当时，英国的商务部管辖的范围比较宽范，这为热心社会改革、渴望建立政治业绩的丘吉尔提供了极好的施展抱负的机会。丘吉尔上任之初，英国开始呈现出周期性经济萧条的明显兆头，失业人数逐渐上升；许多行业的业主都试图消减工人或雇员的工资，由此导致了一系列的怠工乃至罢工的事件。丘吉尔为平息劳资纠纷，制定了商务部的第一项有关“血汗劳动”的法案，保障劳工的最低合法收入。

1910年，英国再次大选后，阿斯奎斯首相对内阁成员进行了某些调整，由于在政治斗争和竞选运动中的出色表现，丘吉尔被任命为内政大臣。内政大臣在英国内阁中的地位较高，权力也很大。在议会开会期间，丘吉尔每天晚上都必须用普通书法起草一份下院议事报告呈送国王；这项工作以前是由首相完成的，到丘吉尔任上时才改由内政大臣经办。

丘吉尔一上任，就着手进行了监狱改革。当时，英国的工人运动和妇女要求选举权的运动不断高涨，英国监狱中的政治犯人数剧增，他们在牢房里受到极不人道的对待。丘吉尔要求对犯人实行较人道的待遇，他还亲自审阅被判处绞刑或长期徒刑的犯人的卷宗，十分谨慎地将结论记录在备忘录上。他发现了一些轻罪重判的案例并加以改正。有一次，他和劳合·乔治一起到特穆尔去视察，对一位因在教堂施舍箱里偷了两先令，而被判处三年劳役监禁和十年预防性拘役的牧羊老人大卫·戴维斯，实行了缓刑并予以释放。

为了加强对矿山安全生产的管理，1910 年，丘吉尔主持制定了《矿山法》。为限定商店营业员的工作时间，丘吉尔提出了一项商店法案，为店员们争得了每周半天的固定工休。丘吉尔在维护工人权益方面做了不少工作，但面对时而发生的“劳工骚乱”，他毫不手软地动用军队维持秩序，为此丘吉尔也遭到了大量指责。1910 年 11 月，南威尔士矿工因为增加工资的要求遭资方拒绝而举行了大罢工。丘吉尔派出大批警察，并以南部军区的军队为后盾，很快控制了局势。丘吉尔警告矿工联合会说，一旦发生什么事，他会毫不犹豫地动用军队。

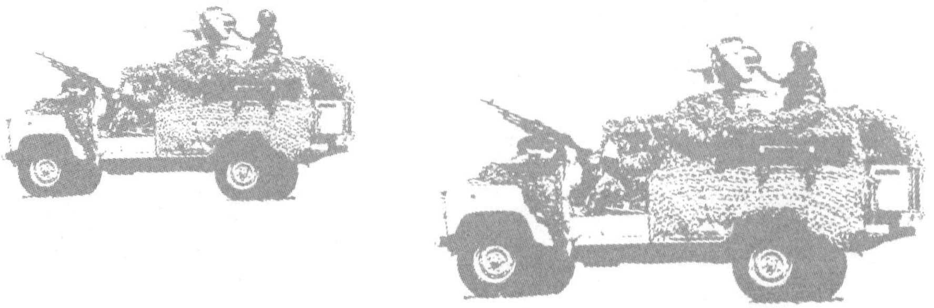

⊙ 1905年底，丘吉尔（左）被任命为殖民地事务部副大臣。图为他与私人秘书爱德华·马什在苏丹。

⊙丘吉尔（右二）担任殖民地事务部副大臣时，与爱德华·马什等人在马耳他。

⊙ 1906年，丘吉尔和德皇威廉二世观看在西里西亚的布雷斯劳举行的一场德军军事演习。

⊙ 1906年，军事演习中的威廉二世。当威廉二世在1888年开始统治德国时，他只有二十九岁。一年前，他的外祖母维多利亚女王，庆祝了她统治大英帝国的第五十周年。威廉是一个能力一般、极不稳定、充满野心的完全没有成熟的皇帝。他不满足于伟大的德国领袖俾斯麦所取得的成就（俾斯麦统一了德国，并使德国的工业跃居欧洲第一），并且对一些大事没有耐心。他个人的虚荣心促使他寻找途径把德国发展成第一强国，结果国外的人通常把他看成“战争狂人”。他对军队的仪式十分着迷，正如一位高级官员所说：“自从皇帝登基后，我们已经目睹了第三十七套军服。”他的参谋长也经常对他发动的无用的战争游戏感到厌倦。

⊙ 1907 年，苏丹喀土穆。丘吉尔参观了在 1898 年战争中被轰炸过的建筑，他本人曾参加了那场战争。

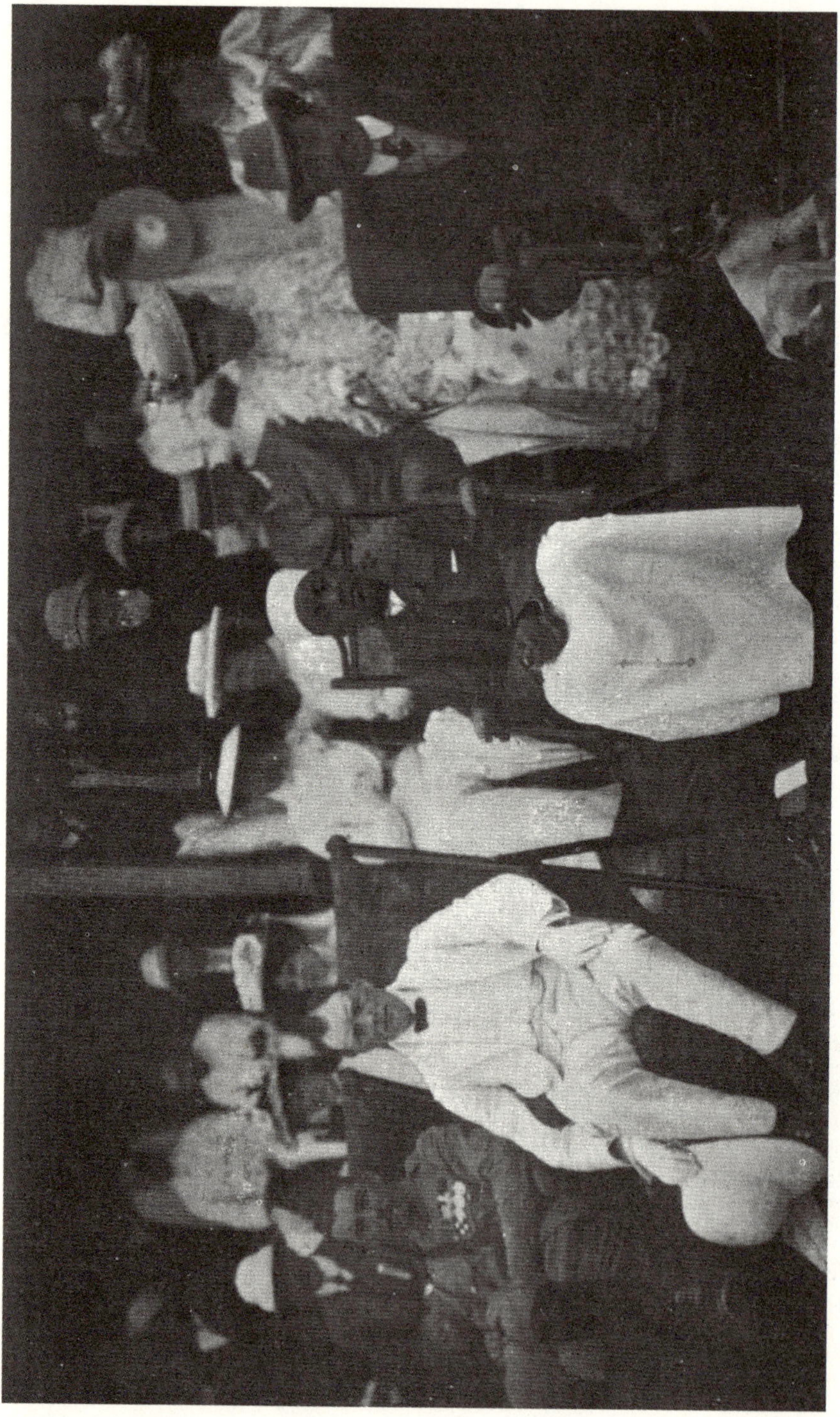

⊙ 1907 年，丘吉尔同布干达王国达乌迪·克瓦二世在坎帕拉。

⊙ 1907 年，丘吉尔在非洲。

⊙ 1907年，丘吉尔猎杀白犀牛。

⊙丘吉尔（右二）在巡视一个殖民地的英军营地。

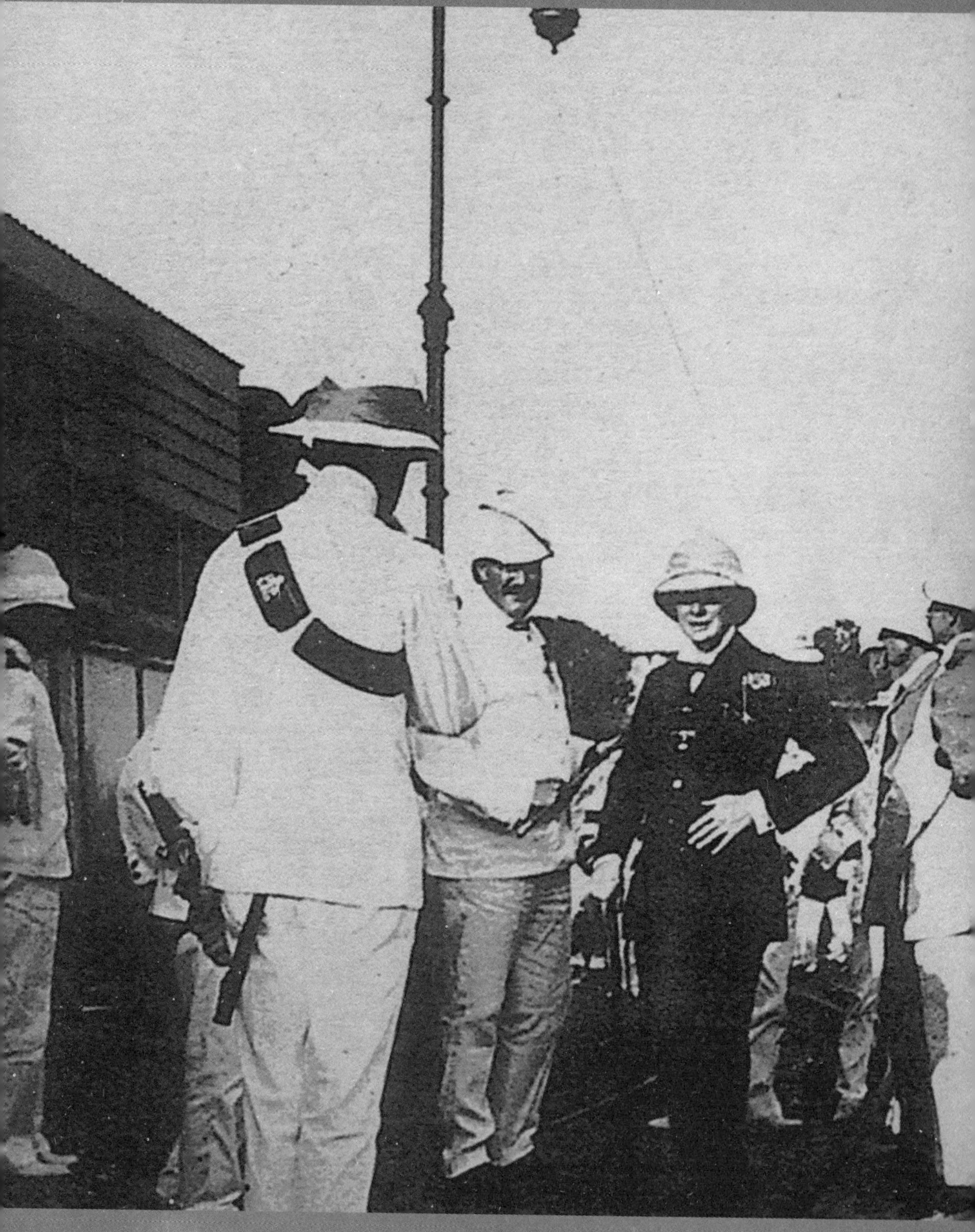

⊙丘吉尔到达蒙巴萨（肯尼亚）火车站时，受到英国殖民地官员的欢迎。

⊙ 1908 年 4 月，坎贝尔·班纳曼因病辞职，阿斯奎斯奉命组阁，丘吉尔出任商务大臣，时年三十三岁。这是 1908 年 7 月 6 日，丘吉尔和约翰·默雷在一起。

⊙ 1908 年，丘吉尔在一个临时的观察哨塔上。

⊙ 1908 年，丘吉尔在东非。

⊙ 1910 年 2 月 9 日，英国大选揭晓，自由党继续执政。丘吉尔在这届政府中担任内政大臣，时年三十五岁。这是刚刚参加完内阁会议的丘吉尔（中）。

⊙ 1910 年 5 月 6 日，丘吉尔和他的堂兄弟莫尔巴勒公爵在英王爱德华七世去世当天，前往白金汉宫参加枢密院乔治五世继位的会议。

⊙ 1910 年 4 月 27 日，丘吉尔（右二）与劳合·乔治（左二）以及他的夫人和秘书前往下院，参加讨论乔治预算的会议。

第五章 统领海军

1911年7月，德国皇帝威廉二世声称：德国军队所向无敌，可以随时出击任何对手，并自称是“大西洋的海军统帅”。英、法、俄与德国之间的矛盾已经公开化，丘吉尔开始积极备战。他还提醒首相，海军部没有应付战争的适当计划，对发生任何突发性事变毫无准备，“他们目前几乎都在休假”。丘吉尔把对付这一战争作为头等大事：“七年之内，我不会考虑任何其他事情。”德国因为其驻英大使麦德尔·尼赫伯爵未能看出丘吉尔态度变化而将其召回国。

在为麦德尔·尼赫伯爵饯行的晚宴上，丘吉尔对他说，德国不应试图与英国进行海战：“如有必要，德国建成一艘军舰，我们将建两艘……激进派与保守派无论怎样相互指责，但在这个问题上立场是一致的。”

1911年9月，阿斯奎斯首相撤换了备战不力的海军大臣，请丘吉尔出任。丘吉尔上任之后，几乎走遍了所有最主要的海军基地，视察了所有的大型军舰，掌握海军各方面的第一手资料。1912年1月，丘吉尔在海军部正式建立了作战参谋部，由第一海务大臣具体领导。丘吉尔下令对参谋人员进行培训，并要求将英国自古以来的海战范例，作为培训、教育的重要组成部分。丘吉尔还提高了已有半个世纪没变动过的士兵薪饷标准，修改了军纪条例中的某些处罚士兵的条款，并规定优秀的士兵可以被任命为军官。

海军的《舰队》月刊，在丘吉尔任海军大臣约一年后撰文指出：“在海军历史上，对处理下级军官与士兵的各种待遇的问题上，还没有哪一位海军大臣，能比温斯顿·丘吉尔具有更为实际的同情心。”

1912年，德国皇帝威廉二世在国会上宣布，将大幅度增加军费开支。威廉二世在讲话中宣称：“支持和加强德国在陆地和海上的国防实力，是我永恒的职责和本分。”1912年2月，丘吉尔发表了针锋相对的演说。他指出：“英国海军是一支无比强大的防御力量。”他特别提到，海军对英、德两国的不同意义：“英国海军对我们来说是必需的。而德国海军，从某种意义上来说，对德国人是一种奢侈。我们的海军实力，直接关系到英国本身的生死存亡，是我们生存的保证。对于德国人来说，海军实力就是扩张。”丘吉尔的演讲在德国和英国都引起了不满 。

威廉二世斥其为“狂人自大”，英国内阁中则有人认为，丘吉尔说话太激烈，不慎重。但这篇演讲却得到英国新闻界的好评，《泰晤士报》认为，丘吉尔的演讲“或许是……自 1889 年乔治·汉弥尔顿勋爵发表的著名声明以来，对海军政策做出的最好说明。”

⊙ 1912 年 7 月 29 日，丘吉尔和母亲参观“复仇者”号战列舰的模型。

⊙ 1912 年，丘吉尔和加拿大总理罗伯特・波顿在伦敦。

⊙ 1913 年 4 月 28 日，丘吉尔和他的朋友杰克・希利在海德公园。

⊙ 1914 年，海军大臣丘吉尔乘飞机抵达普利茅斯港，参加海军会议。

⊙ 1914年2月23日，丘吉尔试驾水陆两用飞机。1912年，海军大臣丘吉尔开始学习驾驶飞机，当时驾驶飞机的风险很大，他的第一个教练在带领丘吉尔首次上天飞行之后不久，即坠机身亡。但丘吉尔仍执意要学会驾驶飞机。到了1914年，丘吉尔已经飞行了一百四十多次，直到有一次险些丧生，他才在妻子的一再劝说下放弃了飞行。

⊙ 1914 年，奥斯坦德，英国水手在灌水瓶。

第六章 一战时期

1914 年 7 月，第一次世界大战爆发。

8 月 4 日晚上十一点，英国海军部对德国发出作战的命令。丘吉尔在民众的欢呼声和《上帝保佑英王》的国歌声中穿过近卫骑兵检阅场，去唐宁街 10 号向首相通报情况。据看到丘吉尔去拜访首相的人说："他的表情并不沮丧，也不得意扬扬，毫不感到惊诧。他径直走了，就像一个人去从事一件极其习惯的工作一样"，他"面带笑容，大步朝内阁房间走去"。

1915 年初，英国海军取得了一连串的胜利，这使海军部的威望大大加强。在胜利的鼓舞下，丘吉尔在帝国防务委员会上提出，消除敌军入侵英国这一威胁的最好防御手段是进攻的战略思想。他还提出了作战方案：在北海封锁德国各海港出口，进攻达达尼尔海峡，打开马尔马拉海的通道，进攻最近加入德、奥一方作战的土耳其的最大城市君士坦丁堡，并与俄国人取得联系。

1915 年 11 月，丘吉尔因达达尼尔海峡战役失利而提出辞职。首相阿斯奎斯让其担任在内阁中地位较低的不管部大臣。丘吉尔的母亲伦道夫夫人曾写道："那是对他多么可怕的伤害和肢解，把他从那里（海军部）的工作岗位上调离，就好像贝多芬变聋了一样。"丘吉尔后来写道："我了解每一件事情，但却什么事情也不能干……活像一只从深水中捕捞出来的海兽，或者像一个突然浮出水面的潜水员，我的血管由于压力突降而有破裂的危险。"

11 月 15 日，丘吉尔在下院发表了辞职演说。之后，丘吉尔前往法国作战，任步兵营营长。1916 年 4 月，丘吉尔接到通知，由于人员缺编严重，他的第六营将被并入皇家苏格兰毛瑟枪团第七营。由于第七营营长年长而资深，因而将出任合并后的营长。丘吉尔失去了自己的职位，合乎情理地退伍回国了。

1916 年 5 月 9 日，丘吉尔在返回伦敦的当天发表了一项声明，说他"获准回来休假"，并打算"继续尽其在议会和政治上的职责"。温斯顿·丘吉尔放弃了他的中校军衔，这是陆军部批准丘吉尔退伍时的一个附加条件。从此之后，丘吉尔就再也不能要求在军队中任职了，丘吉尔再度回到政治生活中来。1916 年 7 月，他为《星期日画报》写了四篇文章，并获得稿酬一千英镑。当时，任英国首相的劳合·乔治是丘吉尔的亲密朋友，他对丘吉尔相当了解，虽然保守党大臣除了巴尔弗和爱德华·寇松以外，都一致坚决反对丘吉尔参加政府。但是，劳合·乔治最后还是冒着政治风险，任命丘吉尔为战时军需大臣。

丘吉尔注重科学技术对增强军队战斗能力的关键作用。他主张，尽可能地用最科学的战争武器来装备英国军队，比如飞机、坦克、机枪，甚至毒气。1917 年 11 月 20 日，英军在康布雷第一次大批使用坦克作战时大获成功，战时内阁批准了丘吉尔提出的在 1919 年 4 月之前制造四千辆坦克的建议。在英国的文艺作品中，有人甚至称丘吉尔为“坦克之父”。

1918 年 11 月，第一次世界大战以英、法等协约国的胜利而告终。丘吉尔和妻子克莱门蒂娜一起乘汽车去唐宁街向首相表示祝贺。欢呼胜利的人群蜂拥而来，聚集在白厅前的广场上举行庆祝活动。这一场面令丘吉尔联想起，1914 年 8 月 4 日晚，他经过这里到唐宁街 10 号向首相通报战况时的情景：“当我听到英勇的人们欢呼时，想起他们肩负这样的重担，贡献所有的一切，从不动摇，对祖国及其前途从不失去信心；在表达他们情感的时刻到来时，对他们犯有过错的仆人宽宏大度；想到这些，内心的感情实非言词所能形容。”

战后，丘吉尔同时担任了陆军大臣和空军大臣的职务。

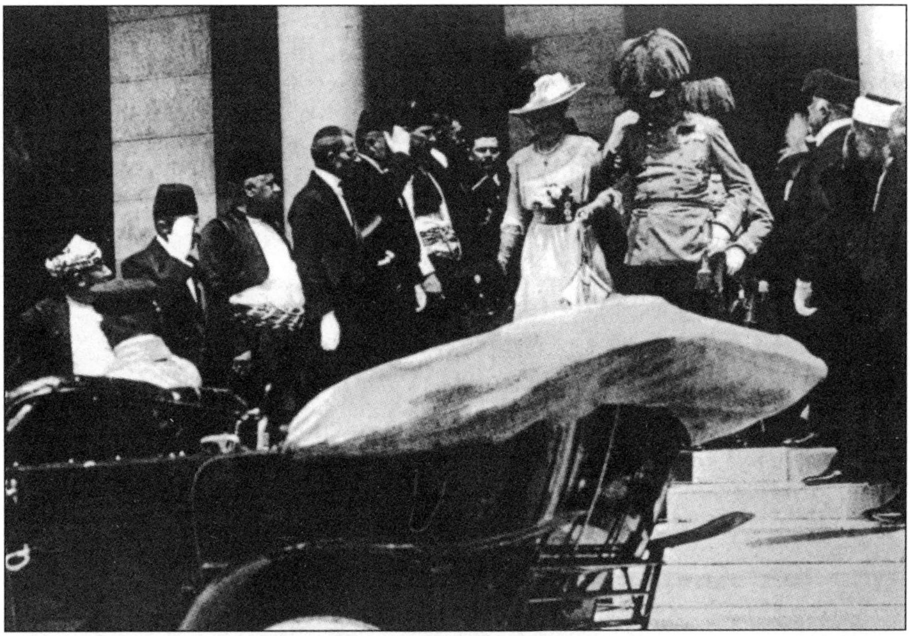

⊙ 1914 年 6 月 28 日，奥匈帝国的王位继承人弗兰兹・斐迪南大公及其妻子在萨拉热窝遭暗杀，这一事件成为第一次世界大战的导火索，英国因此卷入战争。

⊙一战期间，排队参军的英国人。

⊙一战时期的丘吉尔。

⊙德国太平洋舰队司令冯·比士，在与史特梯率领的英国海军超级舰队的最后决战中，他与两个儿子以及两千名德国水兵一同战死。

⊙1914年1月，英国海军上将克拉多克在南美洲智利沿海遭德国海军舰队袭击，两艘英舰被击沉，克拉多克与一千四百多名官兵葬身海底。12月7日，英国海军少将多夫顿·史特梯受丘吉尔之命，率舰队寻机复仇，终于在福克兰群岛附近将四艘德舰击沉，为克拉多克报了仇。图为史特梯在“赫克鲁斯”号的甲板上。

⊙一战中在战壕里的法国士兵。法军是英国的盟军，共同与德军作战。

⊙ 1914 年 9 月 1 日，来自皇后海湾的人在看守德军战俘。

⊙ 1914 年 10 月，乡镇上的人涌出来观看英军穿过易普尔向前线开进。

⊙ 1914 年 10 月 5 日，英国皇家海军师的两个旅抵达敦刻尔克港。

⊙ 1914 年 10 月 20 日，在第一次易普尔战役中，英国的第二苏格兰护卫队正在向格赫鲁维特方向进行武装侦察。

⊙第一次世界大战爆发时，英国是世界头号海军强国，其海军的主力舰是无畏级战列舰。图为英国战列舰“卡农普斯克”号。

⊙ 1914 年 10 月 27 日，在爱尔兰北部海域，“勇敢”号触雷下沉，它是一种物美价廉的反舰武器——水雷的最早牺牲品之一。“勇敢”号是英国皇家海军最新型的舰艇。

⊙ 1915 年 1 月 13 日，英国战时委员会通过了丘吉尔攻打达达尼尔海峡的计划。三月，英王乔治五世（图中骑马者）在雷明顿地区视察英军第二十九师。

⊙ 1915 年 11 月 11 日，温斯顿・丘吉尔。

⊙ 1915 年 11 月 18 日，丘吉尔辞去海军大臣之职，奔赴法国参战，军衔是少校。图为 1916 年初，丘吉尔头戴法军的钢盔与法军第三十四军司令法约尔将军及司令部人员在一起。

⊙ 1916年初，在法国的英国远征军司令杜加斯·黑格将军。他坚决地拒绝了弗伦奇让丘吉尔出任英军旅长的请求。他认为，丘吉尔只能担任营长的职务。

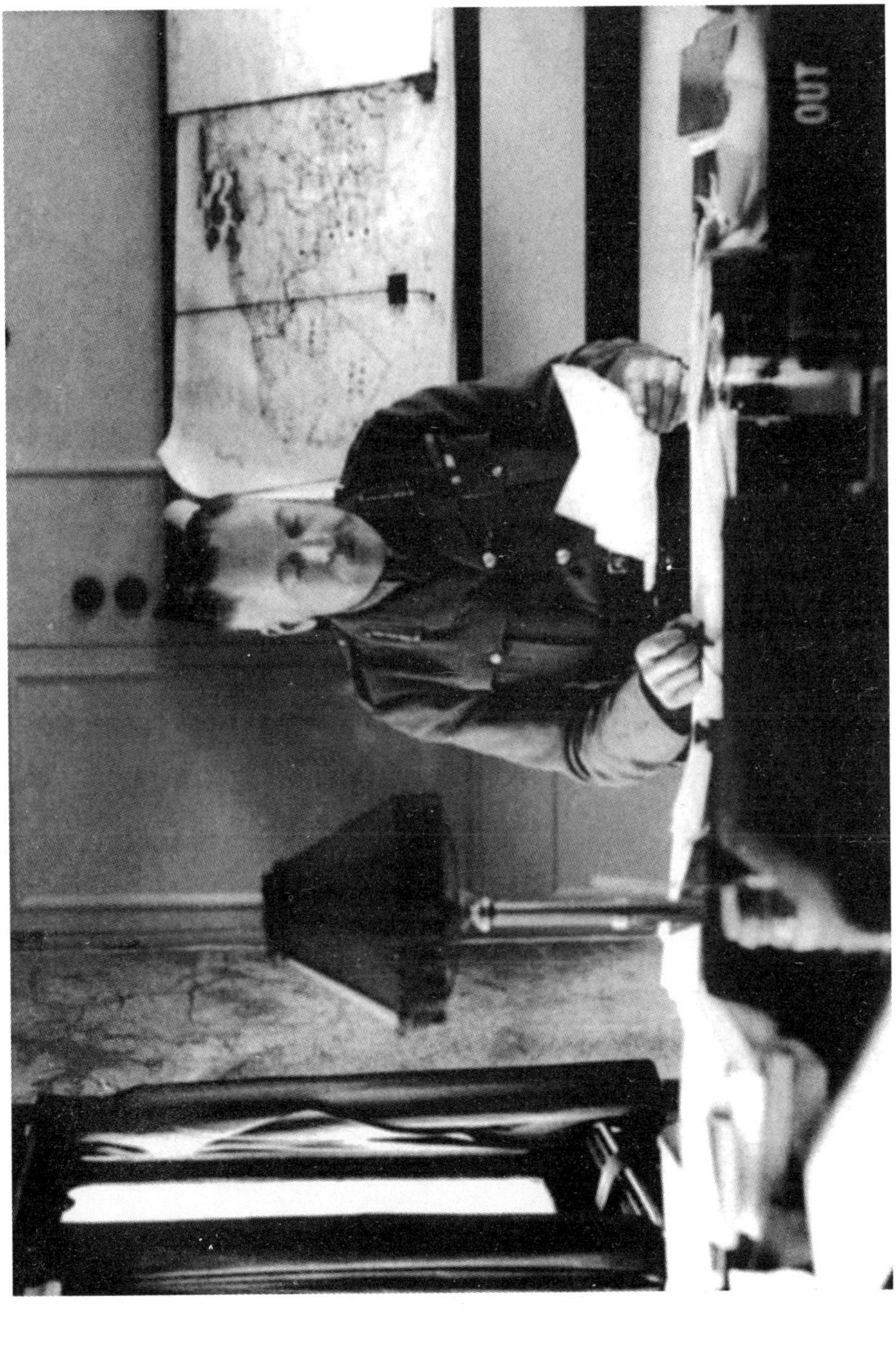

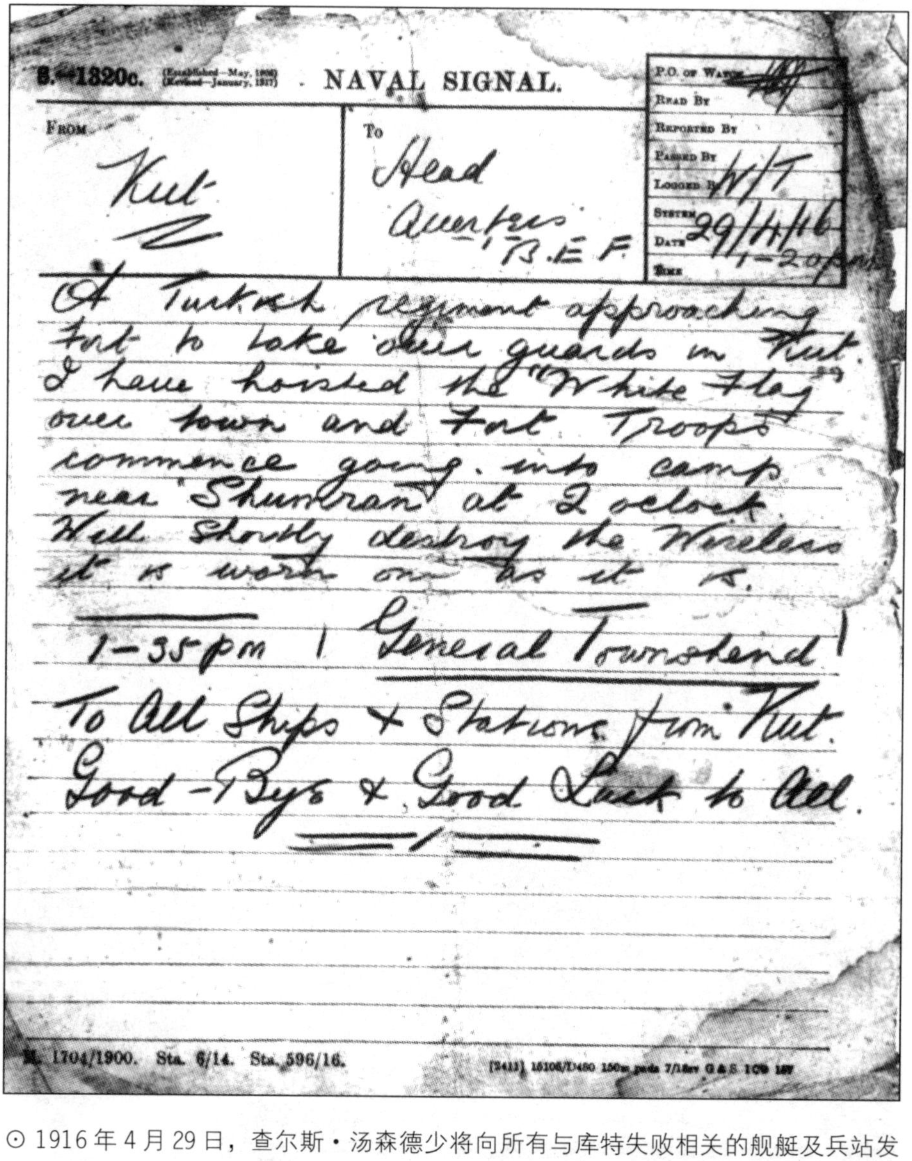

S. 1320c. NAVAL SIGNAL.

FROM Kut

To Head Quarters B.E.F

P.O. of Watch
Read By
Reported By
Passed By W/T
Logged By W/T
System
Date 29/4/16
Time 1-20pm

A Turkish regiment approaching Fort to take over guards in Kut. I have hoisted the "White Flag" over town and Fort. Troops commence going into camp near "Shumran" at 2 oclock. Will shortly destroy the Wireless it is worn out as it is.

1-35pm / General Townshend /

To All Ships & Stations from Kut. Good-Bye & Good Luck to All.

M. 1704/1900. Sta. 6/14. Sta. 596/16.

⊙ 1916 年 4 月 29 日，查尔斯·汤森德少将向所有与库特失败相关的舰艇及兵站发布的通知。这一事件是英国军事行动中最大的失利，其代价是使土耳其能更大地发挥在中东的作用。

⊙ 1917 年，丘吉尔在伦敦。

⊙1918年10月28日，胜利即将来临。丘吉尔在法国里尔广场的检阅台上，观看英军第四十七师的阅兵式。

⊙1918年11月11日，德国战败，在贡比涅签订停战协定，第一次世界大战结束了。英国及其盟国赢得了胜利。图为英国皇家空军的女兵，兴高采烈地站在伦敦街头为胜利摇旗呐喊。

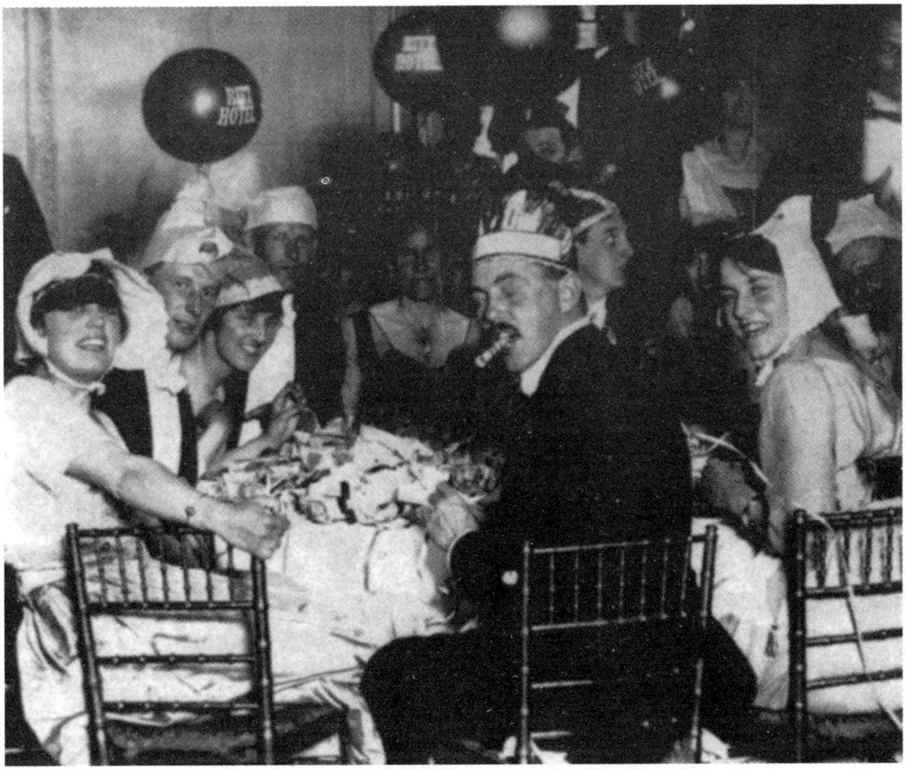

⊙因为伦敦里茨大饭店，英国人正在欢庆第一次世界大战的胜利。

⊙英国各地数千个城镇、村庄都举行了这类儿童街头聚会，以庆祝战争的胜利和结束。

第七章
幸福美满的婚姻

1908年8月，丘吉尔与二十三岁的克莱门蒂娜·霍齐尔小姐宣布订婚。克莱门蒂娜的父亲亨利·霍齐尔爵士是一位军事作家和战地记者，1907年去世。她的母亲布兰奇·霍齐尔是艾尔利伯爵的后代，出身于著名的贵族家庭。克莱门蒂娜是长女，她聪明、美丽、有知识，还能说一口流利的法语。1908年夏天，丘吉尔和表兄弟弗雷迪·格斯特上尉，正住在拉特兰的一家出租公寓里。

一天深夜，公寓起了火，丘吉尔表现得十分英勇，当时的报纸报道说："他奇迹般地从房中逃出来，在他双手抱着两个半身雕像跑出来的一刹那，屋顶坍了下来。如果再晚一秒钟，他就会葬身在瓦砾堆中。"克莱门蒂娜知道此事后致电丘吉尔，丘吉尔回电说："大火是非常有趣的，我们都充分地享受到了它的乐趣。"

此后不久，丘吉尔邀请克莱门蒂娜到布伦海姆宫做客。在一次散步中突遇阵雨，他俩躲到宫殿旁的一座教堂中避雨，丘吉尔在此向克莱门蒂娜求婚，克莱门蒂娜当即同意了。婚礼于1908年9月12日在威斯敏斯特的圣玛格丽特教堂举行，由圣阿萨弗主教A·G·爱德华兹博士和曼彻斯特教长J·E·C·韦尔顿主持，大约有一千四百人应邀出席了婚礼。丘吉尔夫妇收到了大量的结婚礼物，其中包括国王赠送的、带有马尔巴罗家族族徽的镶金马六甲手杖。婚礼进行得热烈隆重，街道两旁挤满了围观的人群。婚礼之后，丘吉尔夫妇乘火车回到布伦海姆度蜜月，然后他们还到瑞士和意大利去旅行。

克莱门蒂娜性格外柔内刚，既有良好的教养，又有较高的审美趣味。在政治上，她也是丘吉尔的好帮手。在丘吉尔参加竞选时，克莱门蒂娜有时也在集会上发表演说，支持她的丈夫。在丘吉尔初掌海军部时，丘吉尔学会了开飞机。后来由于克莱门蒂娜的多次要求，丘吉尔才最终答应放弃这一危险的爱好。

在丘吉尔被免除海军大臣职务时，克莱门蒂娜直接给阿斯奎斯首相写信："在你和那些曾与温斯顿共事的人眼里，他可能有种种过错，但恕我冒昧，他具有你的现任或未来内阁成员中，很少具有的那种高尚品质——对德国战斗的坚强有力、富于想象和坚定不移 。"就在丘吉尔决定辞职、准备远赴法国前线参战的重要关头，克莱门蒂娜也镇定自若，以她的坚强支撑着丘吉尔。

⊙克莱门蒂娜·霍齐尔是一位有学问的姑娘。

⊙ 1908 年 8 月 15 日，刚刚担任商务大臣的温斯顿·丘吉尔，宣布与克莱门蒂娜·霍齐尔小姐订婚，并于 9 月 12 日举行了盛大的婚礼。

⊙ 1913 年，丘吉尔和妻子在旅行途中。

⊙丘吉尔夫人克莱门蒂娜出身贵族家庭，她不仅性格讨人喜爱，相貌也很标致。

⊙丘吉尔与儿子伦道夫在法国的当皮埃尔，丘吉尔对儿子非常宠爱。

⊙ 1927 年 1 月 31 日，丘吉尔父子骑马去打猎。

⊙ 1927 年，丘吉尔之子伦道夫和母亲大雪时节在卡德瓦湖上滑冰。

⊙ 1935 年，丘吉尔与儿子在卡德瓦度假。

◎ 1945 年 7 月 16 日，波茨坦会议期间，杜鲁门和艾森豪威尔在送行丘吉尔夫妇。

⊙ 1945 年 7 月 23 日，丘吉尔和女儿在波茨坦的住处。

⊙ 1950 年，丘吉尔和儿子伦道夫以及孙子温斯顿。

第八章 仕途坎坷

一战结束后，英国及协约国对俄国革命进行了武装干涉。英国向俄国南部的邓尼金提供的军需品，足够装备一支二十五万人的部队。1922 年 10 月 19 日，自由党首相劳合·乔治因为威望越来越低，被迫宣布辞职。保守党领袖博纳·劳应邀组阁，丘吉尔失去了殖民地事务大臣的职位，此时他正患阑尾炎而入院接受手术。1923 年，丘吉尔参加大选，得票位居第二再次落选。工党议席持续增加，并超过了自由党，获得了一百九十一席。自由党领袖阿斯奎斯决定，进行在自由党外部的支持下建立工党政府的试验。

1924 年，工党政府垮台，十月再次举行大选。丘吉尔在竞选中充分发挥了他的演讲才能，最后以 19843 票的高票数当选，比位居第二的自由党候选人几乎超出一万票。保守党在这次大选中战绩辉煌，总共获得了四百一十三个议席。工党的席位减少到一百五十一席，自由党只剩下四十个议席。保守党领袖鲍德温受命组阁，他起用丘吉尔出任财政大臣。财政大臣一职是丘吉尔的父亲担任过、他本人长期作为奋斗目标的职位，这使他有机会穿上伦道夫勋爵任财政大臣时曾经穿过的官服，他母亲“用薄纱和樟脑将这套官服保存了三十年以上”。

1925 年 4 月 28 日，丘吉尔在下院做了他的第一个财政预算公布演说。他宣布了各项政策，比如恢复金本位制、降低所得税、增收丧葬税等。保守党人张伯伦认为，丘吉尔这篇持续了两个半小时的演说“是一次绝妙的表演 ”。1929 年 5 月，英国大选，工党获得二百八十八席，成为第一大政党，保守党仅获得二百六十个席位，自由党获得五十九席。6 月 3 日，鲍德温辞职，工党领袖拉姆齐·麦克唐纳的工党政府上台。

丘吉尔离开政坛，赋闲十年之久。在此期间，丘吉尔从事绘画和写作。早在任陆军大臣时，他就已开始写《世界危机》，到 1921 年初，他所签订的合同已达数千英镑。在这次离任后的一年内，他就为报刊写了四十篇文章，其中一半以上刊载于《每日电讯报》。1930 年 9 月 -10 月，《新闻纪事报》

连载了他的回忆作品《我的半生》，此书在十月出版时颇获舆论赞扬，丘吉尔在晚年时也曾认为该书是他的最佳作品。

1931年，他开始写一部关于他伟大的第一代祖先马尔巴罗公爵的传记：《马尔巴罗：他的生平和他的时代》。该书第一卷于1933年10月出版，内容从公爵出世一直写到1702年，书中包括大量的插图、书信文件的复印本、作战地图，等等，全书厚达六百多页。丘吉尔原本打算只写两卷，约二十万字，结果由于搜集到的资料异常丰富，使他不得不改变计划，最后成书四卷，总共约一百万字。第二卷出版于1934年10月，最后两卷于1936年、1938年问世。这部传记的成功，使丘吉尔获得了传记作家的尊称。此外，在离任的十年中，丘吉尔还经常到国外旅行。

⊙ 1919年6月5日，丘吉尔与威尔士王子（后来的爱德华八世）在下院的午餐会门外交谈。午餐会是为庆祝三名美国飞行员成功飞越大西洋而举行的。

⊙ 1919 年 8 月，丘吉尔在法国科隆视察英国部队。

⊙ 1919 年至 1920 年，丘吉尔同时担任英国的陆军和空军大臣。这是 1920 年 7 月 8 日他在一次航展上。

⊙ 1921 年，丘吉尔和赫伯特・塞缪尔在耶路撒冷希伯来大学的植树仪式上。

⊙ 1921 年 3 月 28 日，丘吉尔和赫伯特·塞缪尔以及外约旦酋长国的阿卜杜拉酋长在耶路撒冷的政府大楼前。

⊙ 1923—1924 年，丘吉尔试图重新回到议会。这是他在竞选时与秘书在伦敦家中工作的情景。

⊙英国自由党首相劳合·乔治以具有出色的演说才能而驰名。然而，他那滔滔不绝的雄辩未能在决定性的 1922 年（国家危机和转折时期）的大选中帮助他免遭失败。图为他在 1924 年选举时发表演讲。

⊙ 1926 年 5 月 5 日，英国历史上第一次全国范围的总罢工爆发。图为罢工者走上伦敦街头举行示威游行，迫使电车停驶。

⊙ 1926年，英国工人大罢工期间，一辆由工人们控制的维持罢工秩序的装甲车。

⊙在英国工人大罢工期间，帮助伦敦邮政总局发送信件的女志愿者。

⊙ 1929 年 4 月 15 日，丘吉尔偕夫人、十七岁的儿子伦道夫、十四岁的女儿莎拉以及私人秘书（戴高帽者）前往议会演讲。这一年，丘吉尔在担任了五年财政大臣后，再次因保守党政府垮台而退出政坛。

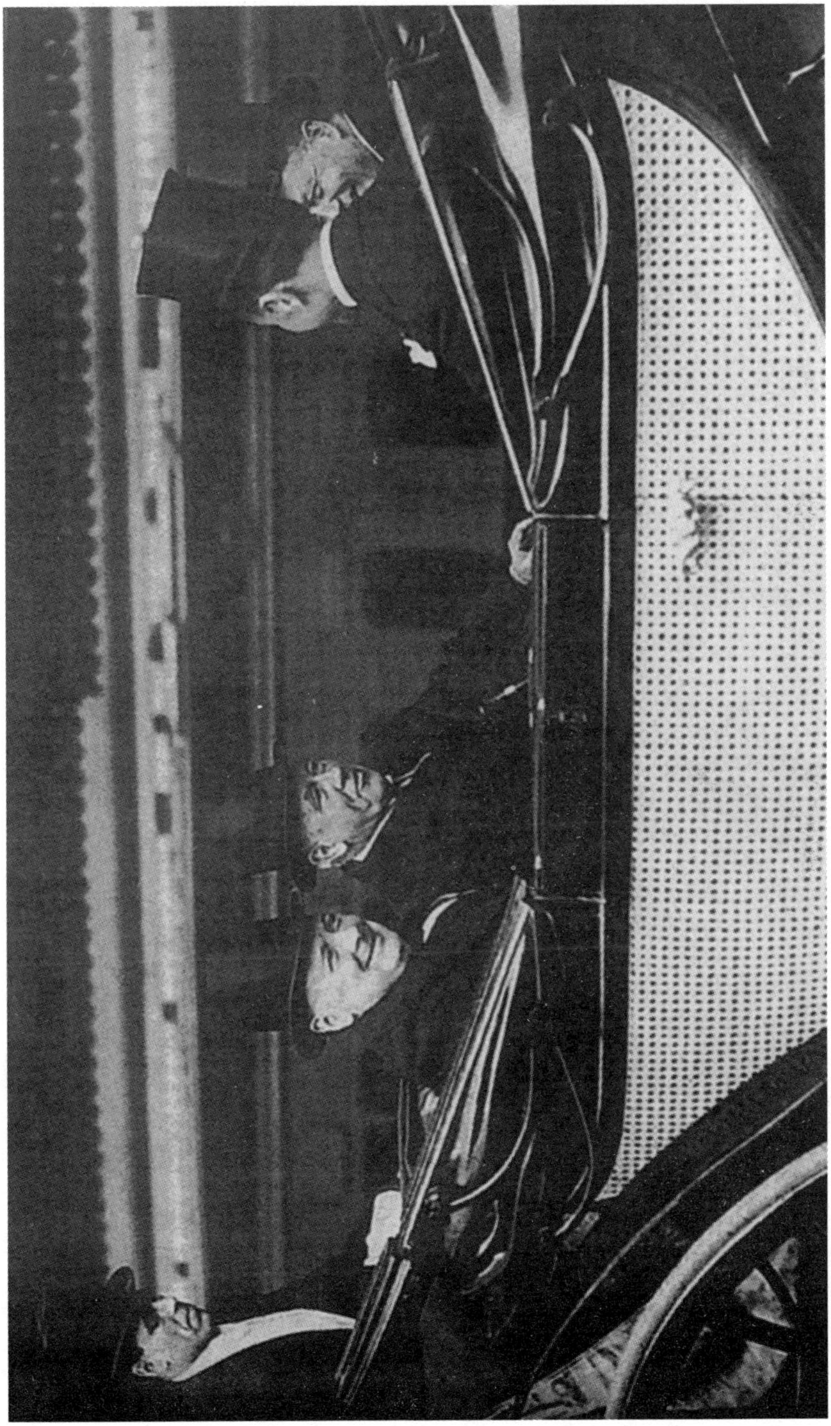

⊙1929年6月7日，失去财政大臣职位的丘吉尔和三个同事乘车去温莎宫，向国王递交官印。

⊙无官一身轻，不再担任大臣的丘吉尔，于 1929 年 8 月 3 日到美国和加拿大进行为期三个月的访问。

⊙ 1929 年，丘吉尔和卓别林在好莱坞。

⊙赋闲在家的丘吉尔以作画作为消遣。

第九章 风云紧急

在二十世纪三十年代的大部分时间里，尽管丘吉尔被排斥在政府之外，但他仍然密切注视国际形势的发展变化。1933 年 1 月 30 日，希特勒就任德国总理，撕毁了《凡尔赛和约》，疯狂地扩军备战，使德国拥有了三十六个师团共五十五万陆军，以及相当于英国三分之二的空军并具备了很快超过英国空军的潜力。海军的实力也已达 2.6 万吨。而英国军备废弛，在许多方面失去了原有的优势，甚至已经落后。麦克唐纳·鲍德温政府却迫于财政危机，在议会下院大力鼓吹裁军，并在国际联盟通过一切可能途径提出一系列裁军建议。同时，对于坚定地保持强大陆军的法国进行制裁。

1933 年，和平主义在英国泛滥，工党和自由党的和平主义得到了人们的普遍支持。1936 年 3 月 7 日，希特勒宣布重占莱茵非军事区。1936 年 7 月，希特勒命令德国参谋部拟订一旦时机成熟就占领奥地利的“奥托计划”。1938 年 3 月，德国军队越过边界占领了奥地利。

1937 年 5 月，鲍德温从首相职位上引退，接替首相职位的是英国前财政大臣内维尔·张伯伦。1937 年 6 月，德国参谋部根据希特勒的命令草拟了入侵捷克斯洛伐克的计划。希特勒开始策动捷克境内苏台德地区“自治”，并声称这是他在欧洲最后的领土要求。以张伯伦和达拉第为首的英、法两国政府采取绥靖政策，与希特勒在慕尼黑达成协议，迫使捷克将苏台德区割让给德国以换取世界的和平。

谈判结束后，张伯伦得意洋洋地回到伦敦。他在下飞机时挥动着他与希特勒共同签署的英德联合声明接受了群众的欢呼。他在首相官邸的窗户前，又对欢呼的群众挥动着那张纸说：“在我国历史上，这是第二次把光荣的和平从德国带回到唐宁街来，我相信这是文明时代的和平。”

但丘吉尔反对对德国采取绥靖政策，谴责《慕尼黑协定》，主张加强军备，建立以英法联盟为核心的包括苏联在内的反德同盟。他在下院的辩论发言中说“我们已经遭到一次完全、彻底的失败”，他形象地把希特勒的行为说成是：“他先用手枪对着你，要你给他一英镑。等到如数照给之后，他又用枪口对着你，要求给两英镑。最后那个独裁者答应先收一英镑十七先令六便士，剩余的部分要你保证随后付清。”他还说：“不要认为这件事会从此结束，这不过是算账的第一步。这不过是以后每年还要递给我们的苦杯的第一口，第一次尝尝味道罢了。除非我们振作精神，恢复我们的战斗活力，我们才能像往日一样重新站起来，为保卫自由而战。”丘吉尔认为，只有广泛联合欧洲乃至世界上一切爱好和平的国家，建立维护国际安全秩序的“大联盟”组织，以强硬的手段甚至打一场“防御性的战争”，才能制止法西斯独裁者的侵略野心。他始终认为，如果做到了这些，战争是完全可以避免的。直到“二战”期间他也仍持这一看法。这一思想，被丘吉尔明确地作为《第二次世界大战回忆录》第一卷《风云紧急》的主题，并标识在该书的扉页上。

1939 年 8 月 23 日，德国与苏联签订了《苏德互不侵犯条约》，解除了东方的后顾之忧。8 月 31 日，希特勒发出了“第一号作战指令”，命令德军“对波兰进攻应按照‘白色方案’执行”。9 月 1 日拂晓四点四十五分，一百五十多万德国大军突破波兰防线，分三路向华沙推进。1939 年 9 月 3 日上午十一点，英国对德宣战并宣布全国进入战争状态。

第二次世界大战爆发了。

⊙1936年1月20日，在爱德华八世的继位登基仪式上，丘吉尔与枢密院成员在一起。

⊙希特勒侵入奥地利后，颁布了反犹太人的雅利安法，开始在各地捣毁犹太人的产业。图为维也纳纳粹冲锋队员强迫年老的犹太人擦马路，并以此取乐。

⊙ 1935 年 3 月 15 日晚十时，德国军队越境进入奥地利，从而撕毁了《凡尔赛条约》第 88 条。根据该条款，奥地利与德国统一——德奥合并——受到禁止。这一行动是继第三帝国向奥地利总理冯 · 舒施尼格博士提出最后通牒后采取的，通牒要求他推迟计划中的公民表决，并在奥地利设立一个由赛斯 - 英夸特博士担任总理的纳粹

政权。舒施尼格下台几小时后，“卐”字旗就出现在维也纳和其他城市的公共建筑物上。在赛斯－英夸特向德国军队发出进入奥地利的邀请后，希特勒亲自飞回他的出生地，在维也纳受到欢呼人群的迎接。

⊙ 1938 年 9 月，对与德国签署协议充满信心的哈利法克斯（左）和张伯伦（右）。这是哈利法克斯为专程去德国慕尼黑与希特勒谈判的张伯伦送行。

⊙在慕尼黑会议期间，德、意、英、法四国的首脑在相互交谈。

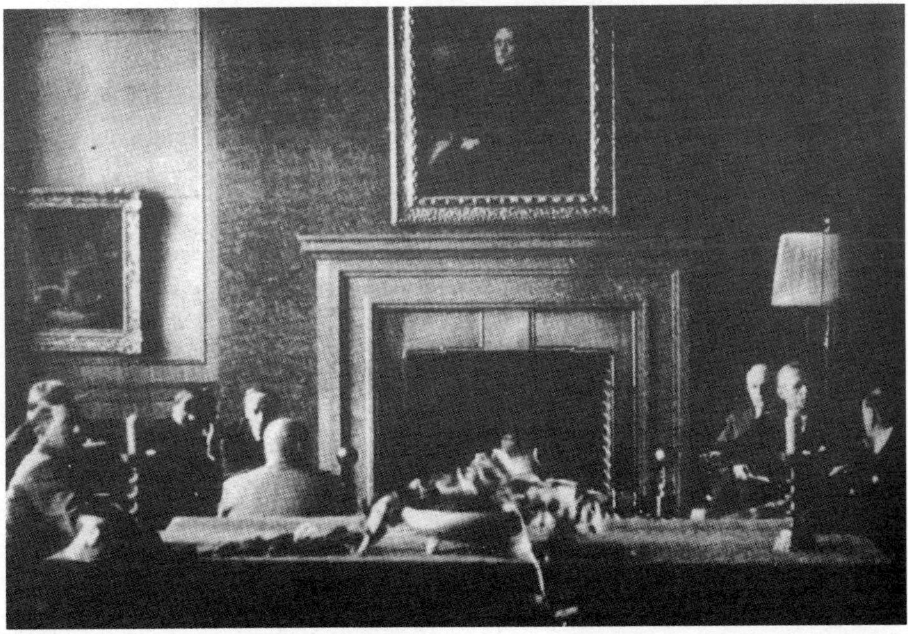

⊙四国首脑会议完全满足了希特勒的要求，于9月29日凌晨一点半，签订了臭名昭著的《慕尼黑协议》。图为协议签订现场。

⊙ 1938 年 9 月 29 日，英国首相张伯伦在《慕尼黑协议》上签字。

⊙ 1938 年签订的《慕尼黑协议》并没有阻止战争的到来。1939 年 4 月的伦敦皮卡迪利广场，在著名的厄洛斯雕像周围的保护板上，可以看到"为国参军"的标语。

⊙英国猛然醒悟，感到需要备战。图中的大幅标语上写着：『国民兵役，我们必须做好准备。』

⊙在最初的日子里，愉快的爱国主义是通行的准则。图中墙上写道：我们打败希特勒就马上回家。

⊙ 1939 年 3 月 15 日，希特勒到达德军占领下的捷克斯洛伐克首都布拉格。图为布拉格市民被迫忍着屈辱的眼泪向希特勒行纳粹礼。

⊙ 1939 年同苏联签约后，高兴的希特勒（左）和里宾特洛甫（右）。

⊙ 1939 年，正在检查“确定波兰边界计划”的苏联外交部长莫洛托夫。德国外交大臣里宾特洛甫在斯大林的身后正在观看这个计划。

⊙ 1939 年 9 月 1 日，德军向波兰发动闪电战，第二次世界大战爆发了。这是德军对波兰城市的居民区进行轰炸后的景象。

⊙ 1939 年，一个波兰女孩跪在一具被德国空袭杀死的尸体面前不知所措。

⊙波兰军队进行了猛烈抵抗，但不是加足了油的纳粹庞大战争机器的对手。波兰军在几次英勇然而无望的战斗中，甚至以骑兵来对抗坦克。

⊙ 1939年9月3日，在伦敦街头报贩手中的报纸上，登载着英国对德国宣战的消息。

⊙ 1939 年 9 月 3 日，张伯伦忧心忡忡地驱车前往议院，准备发表对德宣战声明。

⊙戴着防毒面具的伦敦市民，他们做好了最坏的打算。

第十章

临危受命，勇击“海狮”

第二次世界大战爆发后，丘吉尔于 1939 年 9 月 3 日出任海军大臣。1940 年 5 月 10 日，德军闪击西欧当日，丘吉尔出任英国战时内阁首相兼第一财政大臣、国防大臣和保守党下院领袖，迅即把国民经济转入战时轨道。英军自敦刻尔克撤退和法国投降后，在英国孤军奋战的危难时刻，丘吉尔以其坚强意志和必胜信心，领导英国及英联邦国家人民进行着反法西斯的战争。

法国败降后，丘吉尔断然拒绝妥协的态度促使希特勒制订了对英作战计划，这个计划被定名为“海狮”。戈林对希特勒夸下海口：只用空袭便可征服英国。1940 年 8 月 6 日，戈林制定了打击英国的军事目标，彻底消灭英国空军的“飞鹰计划”。他集结了各种作战飞机 2669 架，其中轰炸机 1015 架，俯冲轰鸣机 346 架，单引擎战斗机 933 架，双引擎战斗机 375 架。英国空军则共有作战飞机 1350 架，其中战斗机 704 架，轰炸机 646 架。德国空军在数量上占有 2:1 的优势，不过在形势上却居于不利地位，它必须在海上以及敌国领土的上空作战，而且英国空军能够获得雷达的合作。此外，英国还获得一部德国最高层的密码机“依密码”，英国人借此破译了德军几乎全部的重要通讯。

8 月 13 日清晨，戈林命令德国空军一千五百多架飞机进攻英国的海峡舰队、港口、机场和重要军事设施，但由于气候恶劣，加上英军空军死命抵抗，德国空军第一天就损失了四十五架飞机。8 月 15 日，德国空军的三个大队全部出动，对英国实施轰炸，但德国人的机密被英国人准确地破译。这一天，英、德两国发生第一次大规模空战。双方在长达五百海里的战线上进行了五次大战，德国空军轰炸了英国四个飞机制造厂和五个飞机场，但七十五架飞机被击落，英军飞机只损伤了三十四架。

8 月 23 日天气转好，当晚，德国出动大批飞机，飞过海峡，实施戈林所说的“夜袭”。由于一个轰炸机中队将原本准备投放到伦敦城外飞机制造厂和油库的炸弹，投到了伦敦市内，八名市民被炸死。第二天晚上，英国派出三个中队的轰炸机夜袭柏林。三天后的夜晚，英机又两次夜袭柏林，炸死市民七人，炸伤二十九人。

8 月 24 日至 9 月 6 日，戈林每天派出一千多架飞机，对英国实施轰炸。德机集中攻击英国南部的机场和雷达站，几乎摧毁了南方整个通讯系统，两周内，英国飞机损失近三百架，一百多名飞行员被打死。

8 月 28 日夜晚，英国人为了振奋士气，出动所有能够出动的飞机对柏林进行轰炸，这次英军炸死柏林市民十人，炸伤二十四人。连续七天，英国空军不间断地夜袭柏林，使柏林的损失逐渐增大。9 月 6 日，希特勒取消了不准轰炸英国城市和居民的禁令，命令德国空军对英国伦敦进行大规模的空袭。9 月 7 日，戈林亲临英吉利海峡的小城德律奇，亲自指挥作战。仅在两天的轰炸中，就有八百四十二名伦敦市民伤亡，不少街区化为灰烬。英国的大部分兵工厂、发电站和码头等重要工业设施，都处于瘫痪状态。希特勒发出“把英国的城市夷为平地”的命令，批准在 9 月 15 日进行大规模的空袭。

英国又一次截获了这个“超级”机密。丘吉尔当即召开了国防会议，重新调整了部署和计划，使英国有所准备地迎击敌人。9 月 15 日下午，德空军大举出动，对已被炸得残破不堪的伦敦城实行大规模的空袭。但德机还没进入伦墩上空，数百架英战斗机就迎面扑来，对德轰炸机进行围攻。这一天成为整个战役中战斗最为激烈紧张的一天，英国空军共击落德机一百八十五架，自己仅损失二十六架。

9 月 17 日，希特勒见英国空军仍未被击败，于是决定把“海狮计划”无限期地延迟下去。这场二战史上历时最长、规模最大的空战到此结束，英军以九百一十五架飞机的代价击毁了一千七百三十三架德机。此战促使希特勒在没有把不列颠完全逐出战争之前，先回头来对付苏联。

⊙ 1939 年 9 月 3 日，英国宣布同德国处于战争状态。丘吉尔在战前年代里坚持不懈地批评张伯伦的对外政策，而且他的批评又多为事态的发展所证实，所以他在英国社会舆论中深孚众望，人们把他看成英国抵抗德国侵略的真正领袖。在此情况下，丘吉尔入阁担任海军大臣。图为身着戎装的丘吉尔。

⊙丘吉尔抵达英国海军部，悠闲的在野岁月结束了，等待他的是战争的严峻考验。

⊙ 1939 年 9 月 5 日，丘吉尔离开海军司令部，前往唐宁街 10 号出席战时内阁会议。

⊙图为二战期间的英国战争内阁。后排从左到右：约翰·安德森（内政大臣）、汉克勋爵（不管部部长）、哈利·贝利沙（总参谋长）、温斯顿·丘吉尔（海军大臣）、克姆哥斯利·伍德（空军大臣）、艾登（英联邦自治领大臣）、爱德华·布里奇斯（内务大臣）。前排从左到右：哈利法克斯勋爵（外务大臣）、约翰·西蒙（财政大臣）、内维尔·张伯伦（首相）、塞缪尔·霍尔（掌玺大臣）、查特弗里德海军上将（防御大臣）。

⊙ 1939 年 9 月 17 日，英国皇家海军的“勇敢”号航空母舰，被德国 U－29 潜艇发射的鱼雷击沉。这是英国宣战以来遭受的第一次惨重的损失。这是“勇敢”号航母未沉时的留影。

⊙ 1939 年 10 月，英国舰队在斯卡帕湾的停泊处。图中这艘英国驱逐舰正在救援水中的士兵。

⊙德军从空中和海上两路进攻挪威，他们把机场列为优先攻击的目标。图为一名德国信号兵在指挥一架德军S-2型运输机着陆。

⊙ 1940 年 4 月 9 日，德军入侵挪威和丹麦。

⊙ 1940年，伦敦，戴头盔的丘吉尔。

⊙ 1940 年，丘吉尔和铁托在南斯拉夫。

⊙ 1940 年 5 月 7 日，英国议会就德国入侵挪威展开激烈争论，张伯伦首相受到猛烈抨击。三天后，也就是德国入侵荷兰的那一天，张伯伦辞职。温斯顿·丘吉尔在英国最危难的时刻成为英国首相。

⊙英国议会和人民对张伯伦以及他处理战争的方式大为失望。英军仓促从挪威撤退，使他失去了最后残存的一点荣誉。张伯伦的软弱态度，决定了他无法胜任领导英国人民与纳粹德国斗争的重大职责。他于 1940 年 5 月 10 日被迫辞职。

⊙ 1940 年 5 月 10 日，英国新任首相丘吉尔受到人们的热烈欢迎。

⊙ 1940 年 5 月 13 日，丘吉尔赶往伦敦下院发表就职演说的途中。

⊙ 1940 年 5 月，德国坦克和步兵入侵法国。

⊙ 1940年6月18日，丘吉尔在下院发表讲话：『法兰西之战已告结束。不列颠之战就要开始了……因此，让我们勇敢地承担起我们的责任，而且我们应当鞠躬尽瘁，死而后已。英帝国就是存在一千年之后，人们还能说「这是他们最光辉的时刻」。』

⊙ 1940年6月22日，法国投降的签字仪式在贡比涅举行，希特勒出席了这个仪式。贝当元帅领导的政府成为希特勒的傀儡政府。图为协议签署后，希特勒和贝当握手，中间站立者是德国外交部长里宾特洛甫。

⊙ 1940年5月14日，英国政府通过广播号召人民组成志愿军，防止德军伞兵的入侵。到了6月23日，已有一百三十万人自愿加入这支自卫队。尽管这支队伍看上去很不正规，战士们都已到了祖父的年龄，但他们却是一支有效的预备队。随着战争的进展，他们的装备和训练也日渐完善。

⊙一名从敦刻尔克大撤退中平安返回的英国远征军士兵，在火车站被女友激情亲吻。

⊙二战中，英国由志愿者组织起来的自卫队。

⊙ 1940 年 9 月 7 日，伦敦首次受到德国空军的空袭。图为空袭后的塔桥，在伦敦码头大火的映衬下十分醒目。

⊙ 1940 年，被俘的德国飞行员。

⊙ 1940 年，闪电战导致的巨大破坏。“闪电”是英国人民用来表示德国空军攻击英国主要工业城市的一个词语。在 1940 年到 1941 年期间，德国空军经常在夜间发动攻击。在 1940 年夏季的末期，德国空军的进攻达到高潮。每天空袭轰炸英国城市的飞机达到一千五百架。伦敦因此受到重创——在九个星期内，只有一天晚上它没有受到轰炸。

⊙ 1940 年秋天，在德国空袭初期，伦敦东部地区遭受到最严重的轰炸。英国政府命令伦敦的地铁站全部开放，以保护伦敦居民的安全。图为哈波特·莫里森内阁大臣和国家安全部部长正在地铁站探望伦敦居民。

⊙第三帝国空军元帅戈林，正在听取从轰炸伦敦的空战中归来的一名德国空军军官的汇报。

⊙丘吉尔，成为二战时期英国不屈精神的化身。

⊙在1940年的七、八、九三个月里，英国皇家空军的飞行员们几乎没有喘息之机，一天内多次接到命令，然后跑向飞机，升空作战。

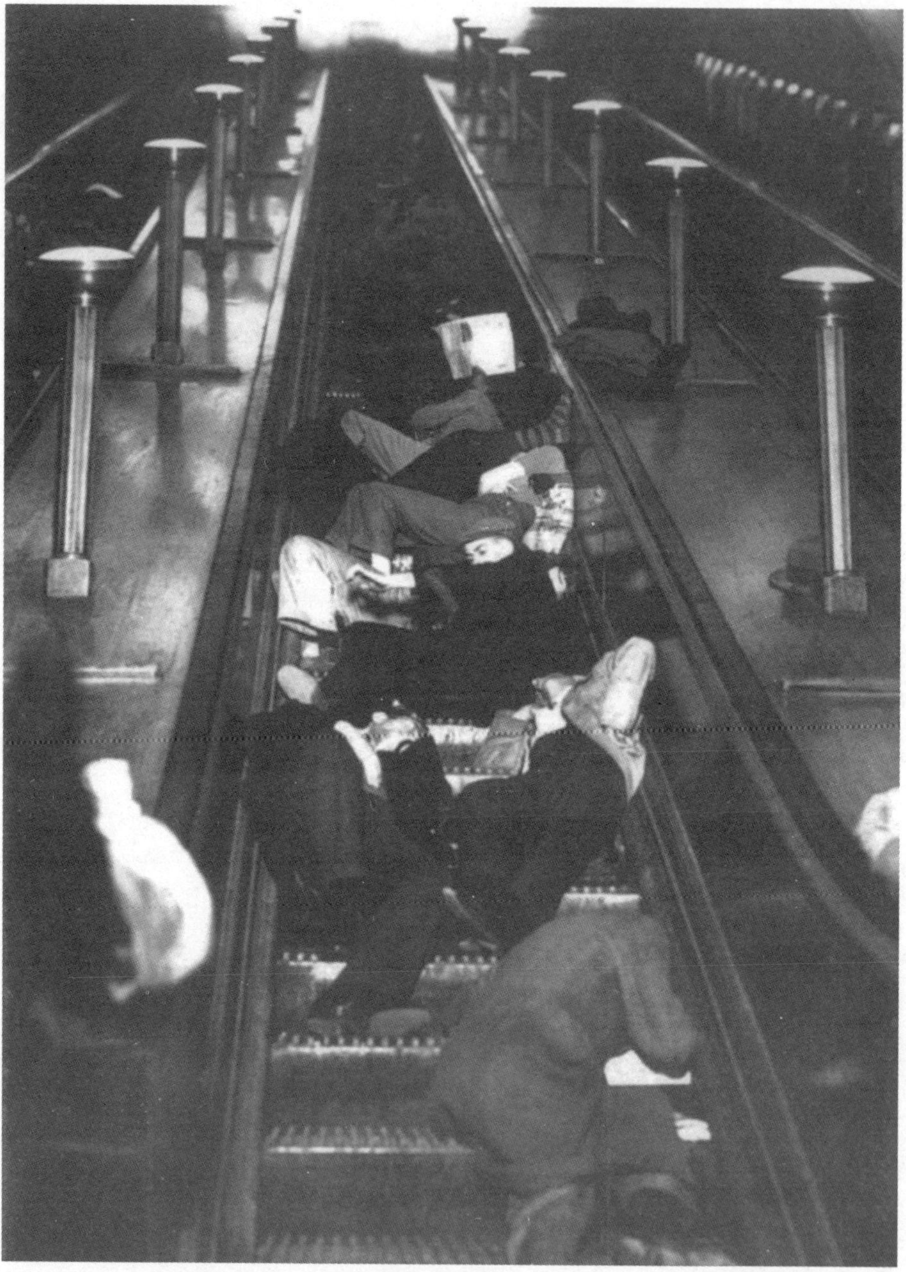

⊙在大不列颠空战中，伦敦地铁站里典型的一幕：躲避德机轰炸的伦敦居民在停运的电梯上过夜。

⊙在整个大不列颠空战期间，英国伦敦的孩子们几乎养成了一个习惯——收集炸弹碎片。图中的这些男孩，正在一个弹坑中寻找炸弹碎片来做游戏。

⊙1940年10月，伦敦一名牛奶工在德军轰炸后的瓦砾中择路而行去送牛奶。他身后的消防队员，正在扑灭废墟中燃烧着的火苗。丘吉尔面对希特勒的轰炸，讲出了许多伦敦人民的心声：『你们做你们的坏事，我们做我们的好事。』

第十一章 打击意大利

1940 年 9 月，丘吉尔批准以英国部署在西半球的海空军基地交换美国五十艘驱逐舰的协议，十二月请求罗斯福增加援助，并促成美国通过《租借法案》。

由于法国退出战争，英国承受着巨大压力，意大利在非洲大肆扩张。在 1940 年的七月至八月，意大利已经将利比亚、厄立特里亚、埃塞俄比亚和索马里连成一片广阔的新领土，在这片土地上驻有四十万以上的意大利军队和民兵师。而英国当时在北非的兵力只有一个装甲师和两个半步兵师，总兵力不超过五万人，防守着近三百万平方公里土地，飞机也比意大利少。英军中东总司令韦维尔将军足智多谋，善于用兵，英国军队在北非获得了出人意料的全面胜利，五万英军竟然击溃了四十万意军。

在巴尔干半岛，墨索里尼于 1940 年 10 月向希腊发动了全面进攻。应希腊政府的要求，英国海军接防了克里特岛的天然良港苏达湾，并以此为基地，派飞机袭击意大利舰队和骚扰意大利南部。在英军的支持下，希腊军队发动了反攻。11 月 22 日，希腊军队将意军赶回阿尔巴尼亚，并使意军损失惨重。由于墨索里尼的失败危及了德国在巴尔干半岛的地位，希特勒下令德军进行武装干预。1941 年初，隆美尔被任命为德国派往利比亚的军队的司令。在 5 月 3 日晚上，丘吉尔又一次向全国和全世界发表了广播演说。他并不掩饰局面的严重性，但仍然充满了必胜的信心。他说："我们在纵观欧洲和非洲正在发生的事件以及在亚洲可能发生的事件时，难免忧心忡忡，焦灼不安；但是另一方面，我们却千万不可失去判断的能力，以致悲观失望或惊慌失措。当我们以冷静沉着的目光注视着摆在我们面前的种种困难时，如果回忆我们已经克服了的那些困难的话，新的信心便会油然而生。"

1941 年 6 月 22 日，苏德战争爆发当天，丘吉尔即宣布援助苏联；7 月 12 日，英国与苏联达成军事协定，规定在战争中联合行动，不与德国单独谈判、媾和。12 月 7 日，日本海军出动六艘航空母舰，载有四百多架飞机，对美国檀香山的海军基地珍珠港发动突然袭击。这次打击，使美国海军太平洋舰队十八艘军舰被击沉或遭到重创，一百八十八架飞机被炸毁，一百五十九架飞机严重损坏；美军官兵死亡二千四百零三人，失踪和受伤二千二百三十三人。太平洋战争爆发，美国参战。

1941 年 8 月 13 日，丘吉尔与罗斯福签署了《大西洋宪章》，确定两国共同对德政策和战争目标。1941 年 12 月 -1942 年 1 月，丘吉尔、罗斯福举行华盛顿会议，决定建立美英参谋长联合委员会，以协调两国战略，共同使用两国资源和战略物资，并参与起草和签署了《联合国家宣言》。

1942 年 1 月 1 日，罗斯福来到丘吉尔下榻的房间，两人最后敲定《联合国宣言》草稿。随后，在总统书房里，罗斯福、丘吉尔、李维诺夫和宋子文分别代表美国、英国、苏联和中国，共同签署了这个历史性文件。

⊙在德国占领罗马尼亚之后，好大喜功的墨索里尼随即命部队在 1940 年 10 月 28 日入侵希腊。墨索里尼喜欢宣传自己，并希望能够像希特勒一样获得无上的政治和军事地位。

⊙ 1940 年 11 月 20 日，丘吉尔在唐宁街 10 号的内阁办公室。

⊙ 1940 年 12 月，意大利侵占希腊的军事行动即将失败，墨索里尼到战场去了解战争的情况，他的脸上显现出迷惑的神情。

⊙ 1940 年，当德国对伦敦的空袭达到高潮时，应英国粮食大臣沃尔顿的恳求，美国救援组织通过联合救助基金会向伦敦提供了五十辆机动食物发放车。图为食品发放车正在向英国民众发放食品。

⊙在《租借法案》通过以前，美国就开始向英国提供飞机。图中这架 B-24 轰炸机在 1941 年 1 月和另一架 B-17 轰炸机飞往英国。这幅图片的发表，标志着美国对英援助的开始。

⊙战争爆发后，美国向英国提供了三百四十架柯蒂斯 -40“战鹰”战斗机。这些飞机一部分通过航运，另一部分则是直接飞越大西洋到达英国。

⊙ 1941 年 2 月，英国坎特伯雷。在武装活动中，学生们绘制了大幅宣传画。图中英文标语为『给我们武器』。这句话出自十天前丘吉尔的演说，它已经迅速在英伦三岛流传起来。

⊙ 1941 年 2 月 12 日，隆美尔到达的黎波里，负责指挥德国非洲兵团——第十五黑豹师和第五莱特师。这是他和北非意大利军队总指挥伊塔勒·加里波第乘车检阅德军和意大利军队。

⊙德国对英国的空袭规模不断扩大时，1940 年 9 月，美国增加了对英国的援助，不仅仅是武器，而且还有其他物资。图为 1941 年 4 月，美国援助组织的一辆“皇后食品车队”的运输车在考文垂。

⊙在北非战场上，英国频频出动皇家空军的轰炸机轰炸意大利军队。图中这些飞机正在轰炸意大利的炮兵阵地。

⊙第二次世界大战期间，英国外交大臣艾登在同希腊商议英国远征军的登陆以及随后的撤退中起着十分重要的作用。1941 年 4月 11 日，他正和海军大臣亚历山大勋爵一起离开唐宁街 10 号。

⊙ 1941 年开进苏联的德国军队。1941 年 6 月 22 日，希特勒发动了代号为“腓特烈一世”的大规模入侵苏联的军事行动。这也是历史上最大规模的一次军事运动，超过三百万的德国军队（德国军队总数的四分之三）进攻位于苏联乌拉尔山脉西面的五百万苏联红军。这次进军，直接宣告了德苏签署的互不侵犯协议的废止。

⊙ 1941 年被击落的意大利双翼飞机。尽管意大利的飞机数量占有优势，但是英国皇家空军在整个北非掌握了制空权。这主要是因为，意大利不能供给足够的燃料和装备。在随后的战争中，意大利的空军发挥了极小的作用。

⊙意大利军队不敌英军，这不是没有原因的。除了军队的训练和指挥不及英军外，技术装备也比较逊色。同英军的大炮相比，意大利军队的大炮在北非战争的开始阶段就显得威力不足。

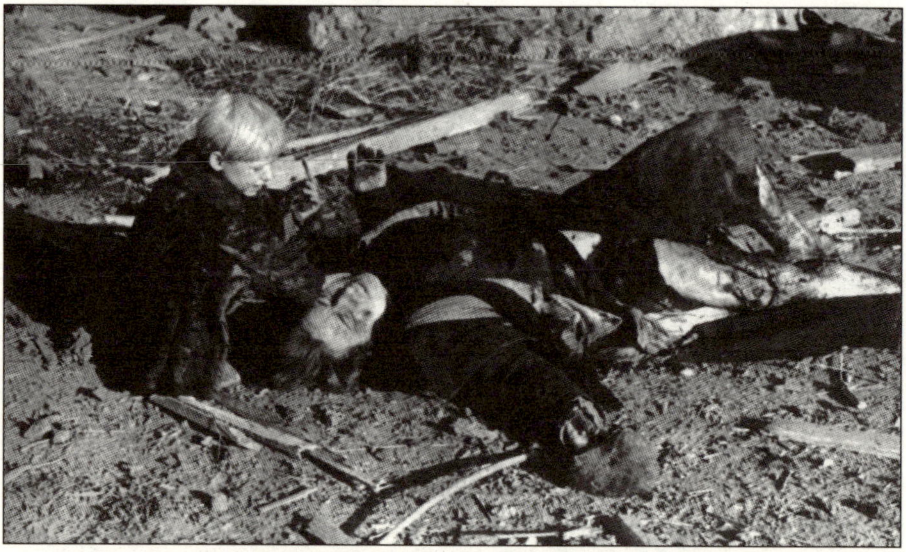

⊙ 1941 年，德国空袭中的俄国受害者。在德国军队全面入侵开始时，以十二个欧洲国家的资源作为后盾的德国的军事和工业看上去足以支援德军征服苏联。在前十天的战斗中，德国空军几乎炸毁了苏联空军基地的三千架飞机。在六个月之内，德国军队已经占领了乌克兰和克里米亚半岛，并且已经推进到列宁格勒和莫斯科的郊外。

⊙ 1941 年，在利比亚向英国军队投降的意大利士兵。

⊙希特勒与墨索里尼进行会晤，就北非的军事行动达成默契。随后，德军出兵北非。

⊙指挥克里特岛战役的英军司令弗赖伯格将军。

⊙意大利法西斯头子墨索里尼。虽然他有一个庞大的军事扩张计划，想大力挤压英帝国的地盘，但他的军队却不是英军的对手。

⊙在战争期间，引导英国走向胜利的英军著名统帅和将领。前排：（从左向右）空军上将波特尔、陆军元帅布鲁克、英国首相丘吉尔、海军元帅坎宁安；后排：陆军上将霍利斯（左）和陆军上将伊斯梅。

⊙1941年，丘吉尔同杜德利·庞德、查韦尔勋爵等观看防空演习。

⊙ 1941 年，丘吉尔和他的科技顾问弗雷德里克·林德曼教授以及肯尼斯中尉在观看防空演习。

⊙ 1941 年 8 月 9 日至 12 日，温斯顿·丘吉尔首相和罗斯福总统在美国海军“奥古斯塔”号和英国皇家海军“威尔士亲王”号上举行会晤。他们签署了二十世纪历史上最重要的文件之一——《大西洋宪章》。

⊙ 1941 年 8 月，丘吉尔和罗斯福出席“大西洋宪章会议”。

⊙ 1941 年 8 月 16 日，丘吉尔在冰岛访问美国海军陆战队。

⊙ 1941 年 8 月，丘吉尔在英国战列舰“威尔士亲王”号上轻抚吉祥物黑猫。

⊙ 1941 年 11 月，英军被隆美尔的军队击败后，内尔·麦舒恩少将接替了卡宁姆中将的职务，成为英国驻北非的第八军指挥官。

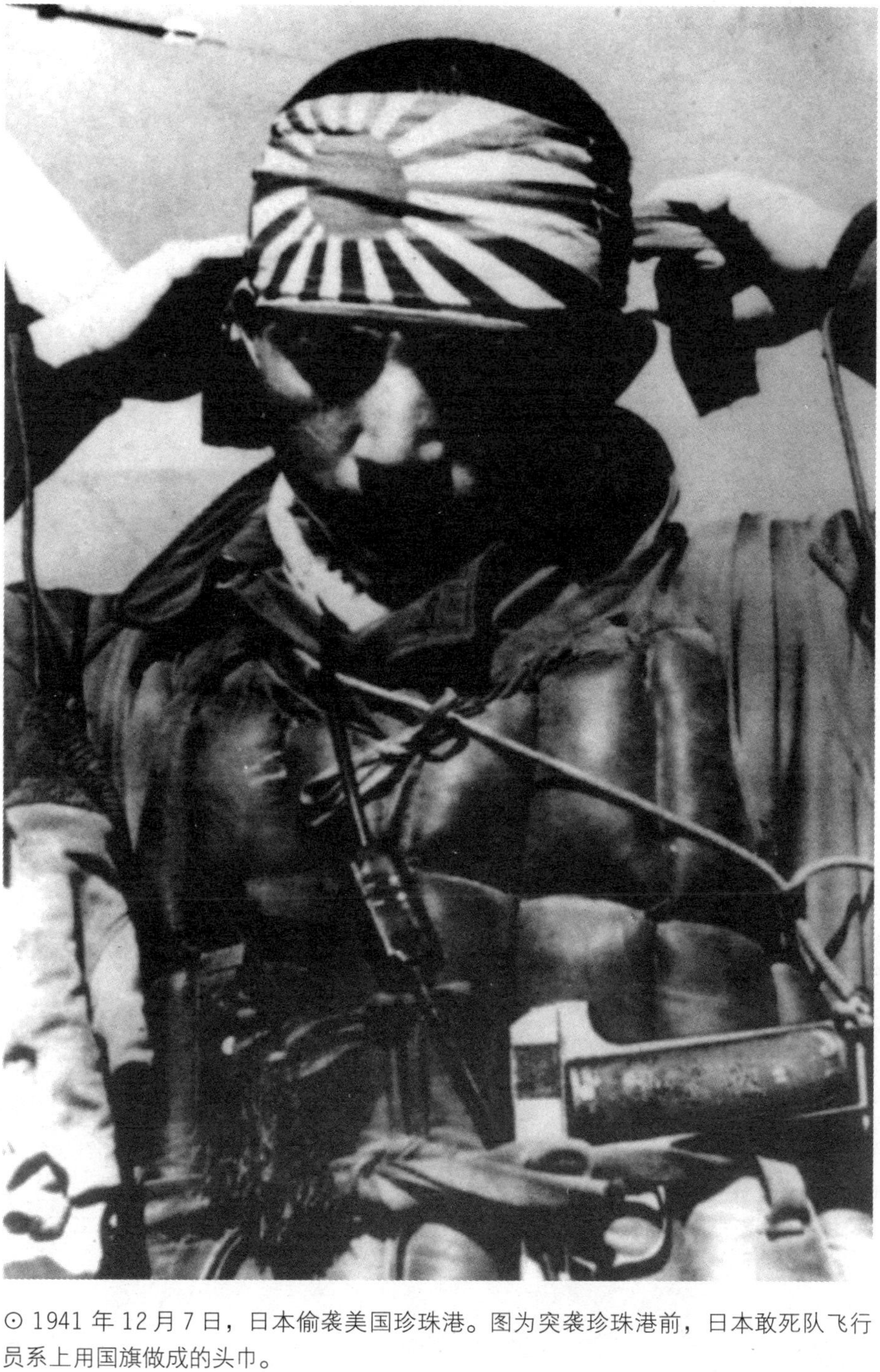

⊙ 1941 年 12 月 7 日，日本偷袭美国珍珠港。图为突袭珍珠港前，日本敢死队飞行员系上用国旗做成的头巾。

⊙1941 年 12 月 7 日，三百七十架日本飞机在凌晨进攻了珍珠港。珍珠港当时是美国在夏威夷的海军基地。在珍珠港空袭中，五艘战舰被摧毁，三艘严重损坏，许多其它的船只、飞机和军事设施遭到破坏，两千四百零三人丧生。这激怒了美国公众，同时也使美国加入了第二次世界大战。

⊙日本偷袭珍珠港后，于 1941 年 12 月 7 日向美国宣战。罗斯福总统于次日发表演说，要求国会批准美国对日宣战。1941 年 12 月 22 日，在国会批准之后，罗斯福总统签署了美国对日宣战的文告。

⊙在大西洋会晤期间，罗斯福总统和丘吉尔首相相处得十分愉快。站在他们身后的是美国的乔治·马歇尔上将和英军总参谋长舍·约翰·迪尔上将。

第十二章 同盟国的胜利

1942年8月，丘吉尔访问莫斯科，就开辟第二战场和“火炬计划”与斯大林达成共识。1942年11月8日，盟军按原定计划发动了“火炬”战役，参加作战的英、美军队共有十三个师，六百六十五艘军舰和运输舰，其中包括三艘战列舰、七艘航空母舰、十七艘巡洋舰、六十四艘其他战舰艇，分别编成“西部”“中部”和“东部”三个特混舰队。首批登陆的兵力为七个师，其中有美国的四个步兵师和两个装甲师、英国的一个步兵师。在北非登陆的战役中，从11月8日到13日，英美联军共损失二千二百二十五人，法国居民损失约四百九十人。

与此同时，苏联红军于1942年11月19日转入反攻。苏联以一百万兵力、一万三千五百门大炮、九百辆坦克和一千四百架飞机的巨大优势，于11月23日对三十三万德军形成合围。战斗进行至1943年2月2日才得以结束，被围德军全部被歼灭。

1943年1月，在卡萨布兰卡会议上，美、英首脑便决定在突尼斯战役结束后立即实施西西里岛登陆战，以扫清地中海交通线上的主要障碍，迫使意大利退出战争。1943年7月10日，西西里战役开始，运载着十六万英美军队的三千二百艘大小军舰和运输船，在一千架飞机的掩护下，利用风狂浪涌的恶劣天气出人意料地发起进攻。经过一个多月的激战，终于解放了西西里全岛，意大利法西斯头子墨索里尼政府垮台。

1943年5月4日，丘吉尔在华盛顿与美国军政首脑在白宫举行了代号为“三叉戟”的秘密军事会议，决定盟军于1944年春在法国登陆，对德实施决定性进攻。1943年11月27日，丘吉尔、罗斯福、斯大林首次举行“三巨头”会议，讨论了渡海以后在法国登陆作战的“霸王计划”。1944年6月6日，“霸王”战役开始。盟军的大批轰炸机向海岸目标倾倒了几千吨炸弹后，海军战舰开始猛轰沿海敌军阵地；从二十个英国机场起飞的三千多架运输机和滑翔机，向诺曼底海岸后方的纵深重要地区空投了三个伞兵师，共六千多艘各类大小战舰、运输船和登陆艇，源源不断地将部队和装备运往登陆地点。到了5月6日夜晚，将近十个师的部队连同坦克、大炮和各种武器已经上岸，后续部队还在不断涌来。

1945年2月初，英、美、苏“三巨头”在克里米亚的雅尔塔举行会晤。斯大林在宴会上向丘吉尔祝酒，称他是“百年才出现一个的人物”。1945年4月12日，罗斯福突发脑溢血逝世。

四月下旬，苏军包围了柏林，并在易北河与美军会师。4月30日，希特勒和刚刚与他结婚的爱娃·布劳恩在总理府地下室里一起自杀。5月3日，希特勒指定的继承人邓尼兹海军上将派人会见蒙哥马利，商谈德军投降事宜。5月7日，德军总参谋长约德尔签字无条件投降。5月8日，丘吉尔正式向英国人民宣告：第二次世界大战胜利结束。他跟在议长后面，由反对党代领袖格林伍德陪同，参加了下院在圣玛格丽特教堂举行的感恩节礼拜，然后他又应邀和参谋长们一起与英王合影，并和王室成员们一起在白金汉宫的阳台上接受无数英国民众的欢呼。

⊙ 1942年5月16日，丘吉尔和少将布瑞恩·霍罗克斯在考察英国第九装甲师第四、第九皇家骑兵团的盟约者坦克训练。

⊙ 1942 年，英国首相丘吉尔对全国发表他那具有个性魅力、鼓舞士气的讲话。

⊙ 1942 年的丘吉尔。

⊙ 1942 年 8 月，当丘吉尔来到莫斯科时，斯大林清楚地知道，与其跟英国人讨论西方盟军何时开辟第二战场的问题，不如跟自己的将军研究在东部前线的战斗。图为斯大林（中）、苏联外交部长莫洛托夫（左）和斯大林格勒前线的指挥官铁木辛哥元帅。

⊙英美联军开辟第二战场后，巴顿将军指挥的美第三军在“火炬行动”中取得的胜利使他声名鹊起，从而成为令德军闻风丧胆的一代名将。

⊙ 1942 年 10 月 11 日，丘吉尔和斯塔福德·克里普斯、约翰·托维在英王乔治五世战列舰上。

⊙ 1942 年 11 月，丘吉尔在首相官邸的宴会上，盛赞美军在北非登陆所取得的胜利。

⊙ 1943 年 1 月，卡萨布兰卡会议促进了英国和美国在政治和军事上的密切联系。图中前排是：罗斯福总统和丘吉尔首相。后排从左到右：亨利 · 哈诺德中将、欧内斯特 · 金海军上将、乔治 · 马歇尔将军、杜德雷 · 庞德海军上将、阿兰 · 布鲁克将军。

⊙ 1943 年 1 月 24 日，卡萨布兰卡会议在乡间别墅的草坪上召开记者招待会，这标志着会议的圆满结束。

⊙ 1943 年 5 月 19 日，丘吉尔访问华盛顿。图为丘吉尔在访问期间拜访了美国的海军部队。

⊙ 1943 年 5 月，丘吉尔和罗斯福在美国马里兰州的戴维营钓鱼。

⊙ 1943 年 5 月的华盛顿会议，是美国和英国总参谋长的一次重要聚会。前排为丘吉尔和罗斯福，后排从左到右为：约翰·迪尔元帅、哈斯丁斯·艾斯梅中将、查理斯·鲍特空军元帅、达伯雷·庞德海军上将、乔治·马歇尔将军、欧内斯特·金海军上将和麦克那尼中将。

⊙ 1943 年，杜德利·庞德和丘吉尔在“玛丽女王”号上。

⊙ 1943 年 7 月，在西西里岛的战役中，美国巴顿将军率军登陆。艾森豪威尔将军称：这是欧洲解放战争中的第一页。

⊙ 1943 年，飞往西西里的美国伞兵部队。

⊙美英联军在意大利的萨勒诺登陆。

⊙ 1943 年 8 月，温斯顿・丘吉尔、威廉・麦肯齐・金、阿斯隆伯爵、富兰克林・罗斯福在加拿大魁北克城露台上讨论诺曼底登陆事宜。

⊙1943年11月，丘吉尔、罗斯福和蒋介石在开罗会议上。

⊙ 1943 年 11 月 22 日，在开罗会议期间，中、英、美三国首脑合影。前排左起：蒋介石、丘吉尔、罗斯福及蒋夫人宋美龄。

⊙ 1943 年 11 月 29 日，斯大林、罗斯福和丘吉尔举行历史性的德黑兰会议。

⊙ 1944 年 5 月 15 日，艾森豪威尔、丘吉尔和布拉德利在英国试射 M1 卡宾枪。

⊙诺曼底登陆牵挂着丘吉尔的心，当听到盟军登陆成功的消息后，丘吉尔才面带笑容地离开唐宁街 10 号。

⊙ 1944 年 6 月 6 日至 7 月 18 日，盟军在法国西北部的诺曼底实施了登陆作战计划，彻底扭转了第二次世界大战的局势，从而敲响了德国纳粹灭亡的丧钟。

⊙ 1944 年 6 月 12 日，诺曼底。左起：英国总参部主任艾伦・布鲁克爵士、丘吉尔、蒙哥马利。

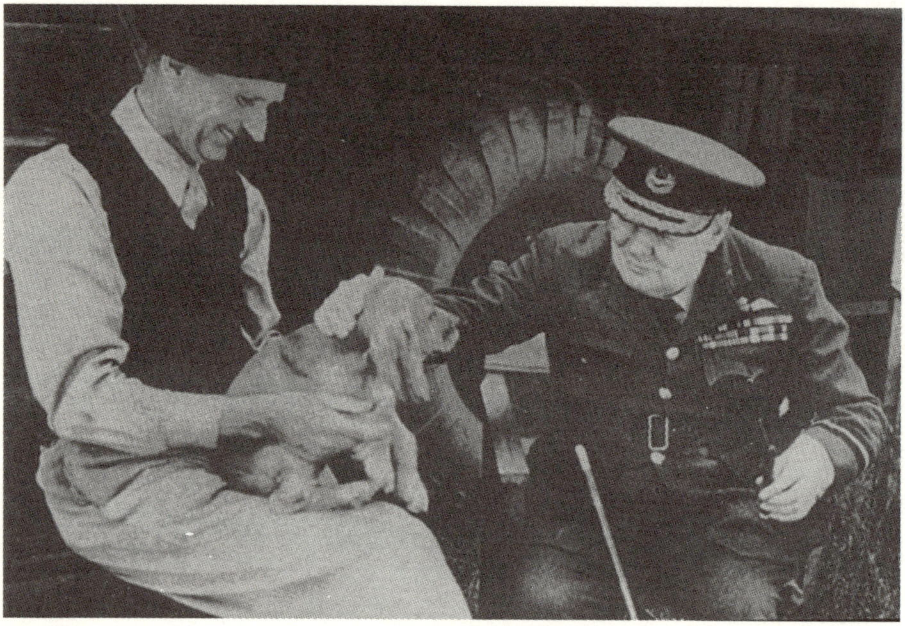

⊙ 1944 年 8 月 7 日，丘吉尔第三次赴诺曼底慰问时，与盟军指挥官蒙哥马利在一起亲切交谈。

⊙ 1944 年 8 月 14 日 -16 日，丘吉尔同驱逐舰“金伯利”号上的船员们在一起。

⊙ 1944 年，丘吉尔、蒙哥马利和南斯拉夫王储彼得二世在英国。

⊙ 1944 年 8 月 26 日，丘吉尔和哈罗德在奥利佛・里瑟的指挥部。

⊙ 1945 年 2 月 12 日，英、美、苏三国领袖宣布了他们会晤的结果，从而历史性地改变了欧洲的面貌。从他们当时的表情上，丝毫也看不出他们在政治观念与利益上的冲突。

⊙ 1945 年 2 月，雅尔塔会议。前排左起：温斯顿 · S · 丘吉尔、富兰克林 · 罗斯福、斯大林。后排左起：劳伦斯 · 库特少将、乔治 · 马歇尔将军、海军上将威廉 · D · 莱希、艾伦 · 布鲁克元帅、海军上将欧内斯特 · 金、阿列克谢 · 安东诺夫将军、副上将斯捷潘 · Kucherov、海军舰队尼古拉 · 库兹涅佐夫。

⊙ 1945 年 2 月，在雅尔塔会议上，斯大林笑看丘吉尔拿出雪茄烟，划分德国为美、英、法、俄四国控制区的协议得到了斯大林的签字认可。作为回报，斯大林重新划定俄国与波兰边界的要求也得到了英、美等国的认可。

⊙这是一幅罗斯福和丘吉尔深入交谈的照片。在喝过咖啡后，他们十分亲密而随便地谈论着未来的欧洲前景。

⊙ 1945年5月8日，丘吉尔和英国王室成员在白金汉宫阳台上和群众欢庆战争胜利。

⊙ 1945 年 5 月，伦敦街头举行庆祝二战结束的街头聚会。在伦敦东南部的布鲁克林，这些家庭的孩子、母亲、祖母、父亲、爷爷都出席了，他们在一张代表胜利的“V”字形大餐桌前摄影留念。仅仅几周前，在距离这里几英里远的地方，德国的 U- 2 飞弹炸死了数十名儿童。

⊙ 1945年5月，攻克柏林后的苏联士兵。他们的脸上露出了经历战火洗礼后的胜利的喜悦。血战柏林，使苏军付出了伤亡数十万人的代价。

第十三章　英雄薄暮

战争结束之后，遵照民意，丘吉尔决定于 1945 年 7 月 5 日举行大选。7 月 26 日，大选结果揭晓，保守党遭到失败，只获得一百九十七席。而工党在下院共获得了三百九十三个席位，被民众抛弃的丘吉尔最后在唐宁街发表了一项声明："向在危难的岁月中，我曾为之服务过的不列颠人民表达我深厚的谢忱。"1946 年初，丘吉尔将保守党的领导事务交由艾登代理，自己应邀前往美国。在杜鲁门总统的家乡密苏里州，丘吉尔发表了一篇著名的演说，提出了"铁幕"的说法："从波罗的海的什切青到亚得里亚海边的里雅斯特，一幅横贯欧洲大陆的'铁幕'已经降落下来。在这条线的背后，坐落着所有中欧和东欧古国的首都……几乎在每一处都是警察政府占了上风。到目前为止，除了捷克斯洛伐克之外，根本没有真正的民主。"

在社会活动之余，丘吉尔除画了许多写生、养了几匹赛马之外，他把主要的时间和精力都投入到撰写六卷本长达数百万字的《第二次世界大战回忆录》。1950 年 10 月 25 日，英国大选，保守党获三百二十一席，工党二百九十五席。丘吉尔再度被国王召见，奉命组阁。1953 年 12 月 10 日，瑞典文学院授予丘吉尔 1953 年度的诺贝尔文学奖。1954 年初，丘吉尔为了实现"和平缔造者"的理想，曾试图会见苏联领导人，但最终没有实施。后来他说："我感觉自己像一只正要结束飞行的飞机，天色已是薄暮，汽油也将耗尽，可我还在寻找安全降落的地点。"他已准备让艾登接他的班。

1955 年 4 月 5 日，丘吉尔正式辞职。当时的《泰晤士报》报道说："在离开前，他举行茶会招待全体公务人员。当他由房子走向等候的车子时，他们站在大楼旁唱'他是一个快活的好伙伴'，他吸着雪茄，用他有名的'V'字手势向聚集在唐宁街上的群众打招呼。温斯顿·丘吉尔先生在祝福的欢呼声和叫喊声中，乘车慢慢地离去。"

有一次，丘吉尔在一个星期日邀请了一些年轻人，安排了一次小型午餐会。有一位先生提问："你的经历中充满了冒险和成就，这是一种奇迹。你过去犯的错误和失去的机会是什么？”

“二十二岁以前我不爱学习。我有效的教育几乎完全是军事方面的。后来我希望进牛津大学，却没能实现我的愿望。”

“如果你重新生活，你会很谨慎地从事一切吗？”

“我想，我不可能从一开始就懂得谨慎的意义。到二十岁时我会开始谨慎地生活。二十五岁是人生最好的年华，整个世界在你面前。我不愿意再回到中学时代，我从来不喜欢中学，这是我的缺点。在中学里，我的学习、体育都不行，我也不喜欢那些刻板的规则。”

“难道你可以一下子跳进大学？”

“是这样，男孩子必须能够选择自己的道路。我从父母那里得到的只是我的名字而不是财产，我必须寻找机会。我的特殊不是继承来的，而是我通过拼搏争取来的。在我二十二岁时，我的军饷根本不够花，所以我不得不靠借贷度日。这使我无法按照自己的意愿去生活。于是我开始奋发图强，集中心力投入学习，以争取自主。我懂得没有钱就没有自主，只有争取到经济独立才能有真正的自主。我工作，我读书，我写作，我画画，我记不得有哪一天是闲散的。直到今天，我从不肯白白地放过一天……”

1964 年 11 月 30 日，丘吉尔度过了九十岁诞辰。1965 年 1 月 9 日，因中风卧床不起，此后他逐渐陷入昏迷状态。1 月 24 日，一代英国名相温斯顿·丘吉尔停止了呼吸，享年九十一岁。

丘吉尔逝世后，英国政府立即宣布为他举行国葬。在英国历史上，为一名平民举行国葬的只有两次：第一次是 1853 年为打败拿破仑的威灵顿将军；第二次是 1898 年为政治家格莱斯顿。丘吉尔的葬礼定于 1 月 30 日举行。此前议会休会，在威斯敏斯特大厅举行瞻仰遗容的仪式。灵柩先由议院议长和三个政党领袖在四周守护，后来又换上国防和陆海军三军四位参谋长守灵。前来向丘吉尔表示敬意的瞻仰队伍据估计超过三十万人。

举行葬礼这天，天还没亮，乘火车从各地赶来的人们，已经在送葬的道路两旁围成了人墙。上午九点四十五分，载着遗体的炮车由西欧寺大厅出发。这辆炮车造于1880年，维多利亚女王、爱德华七世、乔治五世、乔治六世四位君主的葬仪曾使用过它。但是用它运送平民的遗体还是第一次。炮车上的灵柩用英国国旗覆盖，上面放着英国的最高荣誉——嘉德勋章。陆、海、空三军乐队轮流吹奏贝多芬和肖邦的送葬曲，一分钟发射一发吊丧礼炮。十一点四十五分，遗体到达圣保罗寺院。伊丽莎白女王及英国王室人员在圣保罗教堂等候灵车，以前为威灵顿和格莱斯顿举行国葬时王室的人没有参加。美国前总统艾森豪威尔、苏联朱可夫元帅、西德总理艾哈德、日本前首相岸信介等各国要人也参加了葬礼。人们唱着丘吉尔喜欢的赞美歌，葬礼直到午后一点三十分时才宣告结束。

灵柩又被放到炮车上，在第二次九十发礼炮及哀乐声中，以同样缓慢的步子向伦敦塔走去。灵柩被从伦敦塔旁边的栈桥上搬进汽艇。在十七响礼炮声中，汽艇出发了，十六架英国空军喷气式飞机盘旋在一百五十米低空。丘吉尔的遗体沿泰晤士河逆流而上，在滑铁卢车站被送上温斯顿・丘吉尔号特别列车，同他的亲人们一起回到离他出生的故乡很近的布赖顿教堂。

这里有他父母的坟墓，丘吉尔将同双亲一起长眠在这里。

⊙ 1945年，在波茨坦会议期间，丘吉尔中途回国听取大选结果。工党占三百九十三席，保守党只占二百一十三席。1945 年 7 月 26 日，他前往白金汉宫，辞去首相职务。

⊙英国政坛最大的意外：工党在 1945 年 7 月的竞选中获得大多数选票而重返政坛。这是兴高采烈的新首相艾德礼（前左）与同事合影。

⊙温斯顿·丘吉尔在参加 1951 年 10 月的竞选时，没有忘记他战时闻名的“V”字形手势。 在这次选举中，他以微弱的优势获胜。

⊙ 1951 年，温斯顿・丘吉尔在肯特郡查特威尔的书斋中。

⊙1952年1月5日，英、美两国领导人在「威廉斯堡」号上。

⊙ 1954 年，在保守党会议上的丘吉尔。

⊙ 1954 年，丘吉尔被授予英国历史上的最高勋位——嘉德勋位。

⊙ 1956 年 5 月 12 日，丘吉尔和康拉德・阿登纳在德国波恩。

⊙ 1961 年 4 月 11 日，丘吉尔和伯纳德·巴鲁克在美国。

⊙ 1964 年 7 月 27 日，温斯顿·丘吉尔离开他在伦敦的家，准备最后一次前往众议院。

⊙ 1965 年 1 月 24 日，丘吉尔逝世，终年九十岁。英国政府为这位举世闻名的伟人举行了国葬。这是覆盖着英国国旗的丘吉尔灵柩被装上炮车，从威斯敏斯特教堂运往圣保罗大教堂举行葬礼。

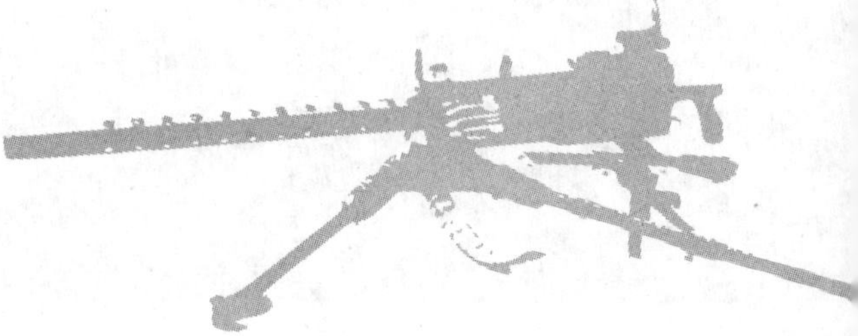

⊙丘吉尔的灵柩被安放在威斯敏斯特教堂中，供人们瞻仰悼念。

⊙国葬仪式结束后，丘吉尔的灵柩由炮车拉着通过两旁站满致哀民众的街道，然后到达泰晤士河畔的伦敦塔码头。在庞大的管风琴乐队的演奏和十七响礼炮声中，灵柩经由泰晤士河运往滑铁卢车站，开始了前往牛津郡的最后一段旅程。温斯顿·丘吉尔爵士将在那里下葬，紧傍着他的双亲安息在布赖顿教堂的墓地里。从那里，可以眺望丘吉尔家族住了两个多世纪的布伦海姆宫。

丘吉尔《第二次世界大战回忆录》节选

5月13日 星期一

下院召开特别会议，我要求下院对新政府举行信任投票。在报告了充实各部人员的进展情况后，我说："我没有别的，我只有热血、辛劳、眼泪和汗水贡献给大家。"在我们全部悠久的历史中，没有一位首相能够向议会和人民提出这样一个简明而又得人心的纲领。

我在结束时说，你们问，我们的政策是什么？我说，我们的政策就是用上帝所能给予我们的全部能力和全部力量，在海上、陆地上和空中进行战争，同一个在邪恶悲惨的人类罪恶史上，还从来没有见过的穷凶极恶的暴政进行战争。这就是我们的政策。你们问，我们的目的是什么？我可以用一个词来答复：胜利——不惜一切代价去争取胜利，无论多么恐怖也要去争取胜利；无论道路多么遥远和艰难，也要去争取胜利，因为没有胜利，就不能生存。

大家都要认识到：没有胜利就没有大英帝国的存在，就没有大英帝国所代表的一切，就没有促使人类朝着目标前进的那种时代要求和动力。我满怀兴奋和希望，担负起我的工作。我深信，人们不会让我们的事业遭到失败。在这个时候，我觉得我有权利要求大家的支持，我说："起来，让我们把力量联合起来，共同前进。"

那渐渐聚集、郁积已久的狂风暴雨，现在终于向我们猛烈袭来了。在这有史以来最残酷的战争中，第一次交锋就有四五百万人互相对垒。在上次大战的艰难岁月里和这次大战的初期，我们惯于躲在法国战线的后面过日子，而今这条战线在一个星期之内竟被摧毁得不堪收拾。不到三个星期，久负盛名的法国陆军竟土崩瓦解，溃不成军，英国的陆军被赶下大海，所有的装备损失无遗。不到六个星期，我们就发现自己成了孤军，几乎被解除了武装。节节胜利的德国和意大利掐住我们的咽喉，整个欧洲落入了希特勒的魔掌，而日本则在地球的另一半边虎视眈眈。正是面临这种种事实和黯淡的前景，我就任首相兼国防大臣的职务，担负起首先组织一个包括所有政党的政府的任务，以便采取一切被认为是最符合国家利益的办法，来处理英王陛下的国内外事务。

尽管欧洲的大片土地和许多古老的有名的国家已经陷入或可能陷入秘密警察和纳粹统治的种种罪恶机关的魔掌，我们也毫不动摇，毫不气馁。我们将战斗到底。我们将在法国作战，我们将在海上和大洋中作战，我们将具有愈来愈大的信心和愈来愈强的力量在空中作战，我们将不惜任何代价防卫本土，我们将在海滩上作战，我们将在敌人登陆的地点作战，我们将在田野和街头作战，我们将在山区作战，我们决不投降，即便我们这个岛屿或这个岛屿的大部分被征服并陷于饥饿之中——我从来不相信会发生这种情况——我们在海外的帝国臣民，在英国舰队的武装和保护之下也将继续战斗，直到新世界在上帝认为是适当的时候，拿出它所有的一切力量，来拯救和解放这个旧世界。

英国人民具有那种既乐观又沉着的气质，我能表现它是一种光荣，有了这种气质就可挽回颓局。我们英国人，在战前的岁月里曾陷入极端和平主义而又缺乏远见，他们沉迷于政党政治的角逐，他们疏于防备，却又漫不经心地涉猎于欧洲事务的中心，现在他们面对着一项任务：要同时清算他们过去的善良心意和疏忽的安排了。他们一点也不感到沮丧。他们藐视那些欧洲的征服者。看来，他们宁愿血染他们的英伦本土，也不愿投降。

这在历史上会写下光荣的一页的。这一类故事过去有的是，雅典人曾经被斯巴达所征服，迦太基人曾经独力抗击过罗马。在过去的史册上不乏这样的记载——还有好多悲剧根本没有记载或被人们永远遗忘：有些英勇、自豪和遇事达观的国家，甚或整个民族遭到消灭，留下来的只是他们的名字，有的甚至连名字也失传了。

我们岛国的地位有其独特的军事技术上的有利条件，了解这一点的英国人并不多，而外国人则更少。甚至在战前那些举棋不定的年代里，怎样在海防以及后来在空防上保持重要设施这一点，也不是人们普遍认识得到的。不列颠人在英格兰土地上看到敌人的营火，已经是将近一千年以前的事了。在不列颠抗战的高潮时，每一个人都表现得很沉着，宁愿豁出自己的性命去决一死战。这就是我们的心情，全世界无论是敌是友都逐渐认清了这一点。这种心情的根据是什么呢？那就是只有用暴力才能解决问题。

我在星期日早晨醒来以后，听到了希特勒进攻俄国的消息。信念已经变成了事实。我毫不怀疑我们的任务和政策是什么，也毫不怀疑我要说的话是什么。现在尚待完成的只是起草这篇演说稿了，我吩咐负责人员立刻公告我将在当晚九时发表广播演说。

我的私人秘书科尔维尔先生在这个周末值勤，他所写的这个星期日契克斯的情况，或许是值得一读的。

丘吉尔关于希特勒入侵苏联的演说

今晚（1941 年 6 月 22 日），我要借此机会向大家发表演说，因为我们已经来到了战争的关键时刻。

今天凌晨四时，希特勒已进攻并入侵俄国。既没有宣战，也没有最后通谍；但德国炸弹却突然在俄国城市上空像雨点般落下，德国军队大举侵犯俄国边界。一小时后，德国大使拜见俄国外交部长，称两国已处于战争状态。但正是这位大使，昨夜却喋喋不休地向俄国人保证，德国是朋友，而且几乎是盟友。

希特勒是个十恶不赦、杀人如麻、欲壑难填的魔鬼，而纳粹制度除了贪得无厌和种族统治外，别无主旨和原则。它横暴凶悍，野蛮侵略，为人类一切形式的卑劣行径所不及。过去的一切，连同它的罪恶，它的愚蠢和悲剧，都一闪而逝了。我看见俄国士兵站在祖国的大门口，守卫着他们的祖先自远古以来劳作的土地。我看见他们守卫着自己的家园，他们的母亲和妻子在祈祷——呵，是的，有时人人都要祈祷，祝愿亲人平安，祝愿他们的赡养者、战斗者和保护者回归。

我看见俄国数以万计的村庄正在耕种土地，正在艰难地获取生活资料，那儿依然有着人类的基本乐趣，少女在欢笑，儿童在玩耍。我看见纳粹的战争机器向他们碾轧过去，穷凶极暴地展开了屠杀。我看见全副戎装，佩剑、马刀和鞋钉叮当作响的普鲁士军官，以及刚刚威吓、压制过十多个国家的奸诈无比的特工高手。我还看见大批愚笨迟钝、受过训练、唯命是从、凶暴残戾的德国士兵，像一大群爬行的蝗虫正在蹒跚行进。我看见德国轰炸机和战斗机在天空盘旋，它们依然因英国人的多次鞭挞而心有余悸，却在为找到一个自以为唾手可得的猎物而得意忘形。在这番嚣张气焰的背后，在这场突然袭击的背后，我看到了那一小撮策划、组织并向人类发动这场恐怖战争的恶棍。

于是，我的思绪回到了若干年前。那时，俄国军队是我们抗击同一个不共戴天的敌人的盟军，他们坚韧不拔，英勇善战，帮助我们赢得了胜利。但后来，他们却完全同这一切隔绝开了——虽然这并非我们的过错。

我亲身经历了所有这一切。如果我直抒胸臆，感怀旧事，你们是会原谅我的。但现在我必须宣布国王陛下政府的决定，我确信伟大的自治领地在适当时候会一致同意这项决定。然而我们必须现在，必须立即宣布这项决定，一天也不能耽搁。我必须发表这项声明，我相信，你们绝不会怀疑我们将要采取的政策。

我们只有一个目标，一个唯一的、不可变更的目标。我们决心要消灭希特勒，肃清纳粹制度的一切痕迹。什么也不能使我们改变这个决心，什么也不能！我们决不谈判，我们决不同希特勒或他的任何党羽进行谈判。我们将在陆地同他作战，我们将在海洋同他作战；我们将在天空同他作战，直至邀天之助，在地球上肃清他的阴影，并把地球上的人民从他的枷锁下解放出来。

任何一个同纳粹主义作斗争的人或国家，都将得到我们的援助。任何一个与希特勒同流合污的人或国家，都是我们的敌人。

这一点不仅适用于国家，而且适用于所有那些卑劣的吉斯林之流的代表人物，他们充当了纳粹制度的工具和代理人，反对自己的同胞，反对自己的故土。这些吉斯林们，就像纳粹头目自身一样，如果没有被自己的同胞干掉（干掉就会省下很多麻烦），就将在胜利的翌日被我们送交盟国法庭审判。这就是我们的政策，这就是我们的声明。

因此，我们将尽力给俄国和俄国人民提供一切援助。我们将呼吁世界各地的朋友和盟友采取同样的方针，并且同我们一样，忠诚不渝地推行到底。我们已经向苏俄政府提供了力所能及的、可能对他们有用的技术援助和经济援助。我们将日以继夜地、越来越大规模地轰炸德国，月复一月地向它大量投掷炸弹，使它每一月都尝到并吞下它倾洒给人类的更加深重的苦难。

值得指出的是，仅仅在昨天，皇家空军曾深入法国腹地，以极小损失击落了二十八架侵犯、玷污并扬言要控制法兰西领空的德国战斗机。

然而，这仅仅是一个开端。从现在起，我国空军的扩充将加速进行。在今后六个月，我们从美国那儿得到的援助，包括各种战争物资，尤其是重型轰炸机，将开始展示出重要意义。这不是阶级战争。这是一场整个大英帝国和英联邦不分种族、不分信仰、不分党派全都投入进去的战争。

希特勒侵略俄国仅仅是蓄谋侵略不列颠诸岛的前奏。毫无疑问，他指望在冬季到来之前结束这一切，并在美国海军和空军进行干涉之前击溃英国。他指望更大规模地重演故伎，各个击破。他一直是凭借这种伎俩得逞的。那时，他就可以为最后的行动清除障碍了，也就是说，他就要迫使西半球屈服于他的意志和他的制度了。而如果做不到这一点，他的一切征服企图都将落空。

因此，俄国的危险就是我国的危险，就是美国的危险；俄国人民为保卫家园而战的事业，就是世界各地自由人民和自由民族的事业。

让我们从如此残酷的经验中吸取教训吧！在这生命尚存，力量还在之际，让我们加倍努力，合力奋战吧！

丘吉尔生平大事年表

1874 年 11 月 30 日，丘吉尔出生于英国牛津布伦海姆宫。

1882 年 11 月，在英国的圣 · 乔治学校就读。

1888 年 3 月，就读于英国哈罗公学学校。

1894 年 毕业于桑赫斯特军官学校。

1895 年 2 月，在英国第四骑兵团服役，被授予骑兵上尉军衔。

1908 年 入选内阁，任商务大臣。

9 月 12 日，与二十三岁的克莱门蒂娜结婚。

1911 年 10 月，任海军大臣。

1919 年 年初，任陆军大臣兼空军大臣。

1924 年 11 月 8 日，任财政大臣。

1940 年 5 月，任英国首相兼国防大臣。

1945 年 5 月，辞去首相职务。

1951 年 10 月，第二次任英国首相。

1953 年 6 月，被英国女王授予嘉德勋章。

1955 年 4 月，辞去英国首相职务。

1965 年 1 月 24 日上午八时，因病辞世。